U0128562

先生归来兮

夏丏尊，用心教育用爱感化

夏丏尊　姜丹书　等著

中国文史出版社

图书在版编目（CIP）数据

先生归来兮.夏丏尊，用心教育用爱感化/夏丏尊
等著.—北京：中国文史出版社，2019.10

（百年中国记忆.教育家）

ISBN 978-7-5205-1305-0

Ⅰ.①先… Ⅱ.①夏… Ⅲ.①夏丏尊（1886-1946）

—纪念文集 Ⅳ.①K825.46-53

中国版本图书馆CIP数据核字（2019）第204524号

执行主编： 张春霞
责任编辑： 牛梦岳

出版发行：	中国文史出版社
社　　址：	北京市海淀区西八里庄69号院　邮编：100142
电　　话：	010-81136606　81136602　81136603（发行部）
传　　真：	010-81136655
印　　装：	北京地大彩印有限公司
经　　销：	全国新华书店
开　　本：	710mm×1010mm　1/16
印　　张：	17
字　　数：	286千字
版　　次：	2020年1月北京第1版
印　　次：	2020年1月北京第1次印刷
定　　价：	59.80元

夏丏尊（1886—1946）

不役世俗之樂

惟求我心所安

壽康先生雅正

夏丏尊

夏丏尊手书对联

1929 年刘质平（右二）与弘一大师（右三）、夏丏尊（右四）等摄于上海港"宁绍轮"前

春晖中学全景

浙江省立第一师范学校教学楼

夏丏尊部分译著

章锡琛创办开明书店

目　录

第五章────**开明事业：文学与出版**　　　　　**159**

第 一 章

朝花夕拾:
成长与见闻

先生归来兮

夏丏尊先生传略

姜丹书

夏先生名铸，字勉旃，别号丏尊。浙江上虞崧厦乡人也。曾小筑于白马湖边，未遑久居。清光绪十二年生，十九岁留学日京，二十二岁归。初任浙江两级师范学堂译教，旋任学舍监，司训育，合兼授国文、日文。余与先生订交于宣统三年秋，同事者十年。民国元二年之际，是校遵令改制，易名浙江省立第一师范学校，故友经亨颐先生为校长。元年秋，李先生叔同亦来任教习。李与夏，故为留东学友，相交尤契。经先生善治印，先生效之，亦颇可观。尝自刻一印，曰无闷居士。是时，时和年少，不应有闷，而自勉曰无闷，盖其内心已闷闷矣。校中诸师，皆一时俊彦，学子亦多纯良，故学风甚盛。先生为人率真，日与诸生同舍处，身教之功颇著。舍中尝患失物，颇难稽。先生问策于李，李先生曰：若欲以人格感化人，君当自杀。先生韪之，乃绝食。窃物生卒自白，后无此患。民国五六年间，李先生以试验断食故，始与佛为缘，卒至披薙入山。其试验断食之机，乃先生动之也。李入山后，易僧名，曰弘一。先生义切生死，诸事为之护持，而亦自染佛化，但不茹素，不为僧，尝曰学佛在心不在形，故至晚年虽亦皈依佛法，而以居士终其生。民国八九年间，教育趋向随世界思潮而变革，由静而动，由柔而刚，由内而外，标榜之曰新教育。其实教育为时代之先驱，无来不新，无往不旧，而彼顽固之徒，执持成见，辄加阻梗，于是引起新旧之争，而学风亦骤趋激荡，此非一校为然也。其风来自北京，而斯校先迎之，乃遭时忌。先生为教，素重学生个性，并主思想自由，盖以青年思想，若不任其自由表露，即无从是其是而非其非。昔宰我欲短丧，孔子非惟不斥其不孝，且不禁其发言，俟其倾吐而喻之以理，自然感化，此即启愤发悱之道，宰我所以卒成大贤。民国八年冬，学生自治会出刊物，每编竣，须送稿受审于先生。某次，学生施某属一文，题曰《非孝》，其文多作批评语，原冀与人切磋者，先生未之删，及印行，社会哗然，至訾先生与刘大白、陈望道、李次九三国文教师曰四大金刚。大吏以耳代目，斥为洪水猛兽，一若此文为全校教师代表作者，乃张大其事，借故责成校长革教师。经校长素刚正，不受无理之命，乃激起绝大学潮。其事另详经先生传。既而经校长卒得合理去职，先生亦去。今先生已盖棺，可以定论。试问一生端正如先生者，果若洪水猛兽否耶？自是以后，历任长沙湖南省立第一师范、宁波浙江省立第四中学、上虞私立春晖中学、上海私立南屏女子中学等校教职，所至悦服。又在上海与诸同志创办立达学园，并任开明书店编辑主任十数年，间尝为法藏寺译藏经，贡献于文化与教育界者实多。先生之于文学，最注重研析字义及词类性质、作文法则等，义理务合逻辑，修辞不尚浮华，其为语体文也，简当明畅，绝无一般疵累之习，善于描写及表情，故其所译世界名著如《爱的教育》《绵被》及自撰之《平屋杂文》等，读之令人心神豁然，饶有余味，如见其人，如见其事也。丁丑以后，八年国难，先生与余同陷于沪，乃同誓以守约工夫，克服困厄。往日同声相应，此日同病相怜，故过从益密。先生局处蜗室，与夫人相对，晏如也。节衣，缩食，渴饮，饿餐，初尚勉强而行之，后竟困而行之，以至于死。敌人屡以利诱之，不动，乃加威胁，羁囚十余日，不屈，无如之何，乃释出，坦然如故，其坚贞如此。初闻寇降，大喜，既而渐不如望，乃复闷闷矣。先生性耿介，一生无请托，且戆直，能为人之畏友。体素健硕，今才周甲，宜不至遽萎，然自中年后，凡事皆悲观，以悲观之人，生衰乱之世，自必心常郁结，易致疾病，且生平嗜酒成癖，老来借酒浇愁，更易伤生。此适与余相反，余素乐天，兴至方饮，可大饮，亦可不饮，故不为酒困。此先生之所以少我一岁，而先我而逝也。呜呼！中华民国三十五年国历四月二十三日即旧历三月二十二日，先生以痨卒于沪，享寿六十有一。临终时，只以弘一大师遗物保存事相付托，无他语。卒后二十一日，其子若孙遵遗嘱举行火化于法藏寺。

赞曰：士穷见节义，岁寒知后凋。夏先生曩曾不见谅于俗人，而今当无间言矣。若能以先生清介之风，推之于人人，则举世非人之事，皆可廓而清之矣。今也，长松（经）先折，晚晴（李）继寂，而先生又已逝矣！高山无语，流水不回，人往风微，吾谁与归？（经亨颐先生长松山房及弘一大师晚晴院皆在上虞白马湖边与先生平屋为邻）

我的中学生时代

夏丏尊

中学校时代，在年龄上是指十三四岁到十八九岁的一段。我今年四十六岁，我的中学校时代已是三十年以前的事了。那时正是由科举过渡到学校的当儿，学校未兴，私塾是唯一的学校。我自幼也从塾师读经书，学八股，考秀才，后来且考过举人。及科举全废的前两三年，然后改进学校，可是未曾在什么学校里毕过业，未曾得过卒业文凭。

我上代是经商的，父亲却是个秀才。在十岁以前，祖父的事业未倒，家境很不坏，兄弟五人中据说我在八字上可以读书，于是祖父与父亲都期望我将来中举人点翰林，光大门楣，不预备叫我去学生意。在我家坐馆的先生也另眼相看，我所读的功课是和我的兄弟们不同的。他们读毕四书，就读些《幼学琼林》和尺牍书类，而我却非读《左传》《诗经》《礼记》等等不可。他们不必做八股文，而我却非做八股文不可。因为我是要预备将来做读书人的。

十六岁那年我考得了秀才，以后不久八股即废，改"以策论取士"。八股在戊戌政变时曾废过，不数月即恢复，至是时乃真废了。这改革使全国的读书人大起恐慌。当时的读书人大都是一味靠八股吃饭的，他们平日朝夕所读的是八股，案头所列的是闱墨或试帖诗，经史向不研究，"时务"更所茫然。我虽八股的积习未深，不曾感到很大的不平，但要从师也无师可从，只是把《大题文府》等类搁起，换些《东来博议》《读通鉴论》《古文观止》之类的东西来读，把白折纸废去，临摹碑帖，再把当时唯一的算术书《笔算数学》买来自修而已。

那时我家里的情况已大不如从前了。最初是祖父的事业失败，不久祖父即去世。父亲是少爷出身，舒服惯了的。兄弟们为家境所迫，都托亲友介绍，提早做商店学徒去了。五间三进的宽大而贫乏的家里，除了母亲和一个嫂子，就剩了父子两个老小秀才。父亲的书箱里，八股文以外有一部《史记》、一部《前汉后书》、一部《韩昌黎集》、一部《唐诗三百首》、一部《通鉴纲目》、一部《文选》、一部《聊斋志异》、一部《红楼梦》、一部《西厢记》、一部《经策通纂》、一部《皇清经解》，还有几种唐人的碑帖与《桐荫论画》等论书画的东西，父子把这些书作长日的消遣。父亲爱写字、种花、整洁屋室，室里干净清静得如庵院一般。这样地过了约莫一年。

亲戚中从上海回来的，都来劝读外国书（即现在的所谓进学校）。当时内地无学校，要读外国书只有到上海。据说上海最有名的是梵王渡（即现在的圣约翰大学），如果在那里毕业，包定有饭吃。父母也觉得科举快将全废，长此下去究不是事，于是就叫我到上海去读外国书。当时读外国书的地方并不多，外国人立的只有梵王渡、震旦与中西书院，中国人立的只有南洋公学。我是去读外国书的，当然要进外国人的学校。震旦是读法文的，梵王渡据说程度较高，要读过几年英文才能进去，中西书院（即现在东吴大学的前身）入学比较容易些，我于是就进中西书院。

那时生活程度还很低，可是学费却已并不便宜，中西书院每半年记得要缴费四十八元。家中境况已甚拮据，我的第一次半年的学费还是母亲把首饰变卖了给我的。我便与同伴到了上海，由大哥送我入中西书院。那时我年十七。

中西书院分为六年（？）毕业，初等科三年，高等科三年，此外还有特科若干年。我当然进初等科，那时功课不限定年级，是依学生的程度定的。英文是甲班的，算学如果有些根底就可入乙班，国文好的可以入丙班。我英文初读，入甲班，最初读的是《华英初阶》；算学乙班，读《笔算数学》；国文，甲班；其余各科也参差不齐，记不清楚了。各种学科中，最被人看不起的是国文，上课与否可以随便，最注重的是英文。时间表很简单，每日上午全读英文，下午第一时板定是算学，其余各科则配搭在数学以后。监院（即校长）是美国人潘慎文，教习有史拜言、谢鸿赉等。同学一百多人，大多数是包车接送的富者之子，间有贫寒子弟，则系基督教徒，受有教会补助，读书不用花钱的。我的同学中很有许多现今知名之士。记得名律师丁榕、经济大家马寅初，都是我的先辈的同学。

中西书院门禁森严，除通学生外，非得保证人来信不能出大门一步，并且星期日不能告假（因为要做礼拜），情形几等于现在的旧式女学校。告假限在星期六下午。我的保证人是我的大哥，他在商店做事，每月只来带我出去一次，有时他自己有事，也就不来领我。我在那里几乎等于笼鸟，尤其是礼拜日，逃不掉做礼拜觉得很苦。

礼拜真正多极。每日上课前要做礼拜，星期三晚上要做礼拜，星期日早晨要做礼拜，晚上又要做礼拜。每次礼拜有舍监来各房间查察，非去不可。每日早晨的礼拜约需三十分钟，其余的都要费一小时以上。唱赞美歌、祷告、讲经，厌倦非凡。这种麻烦，如果叫现今每周只做一次纪念周犹嫌费事的学生诸君去尝，不知能否忍耐呢。

读了一学期，学费无法继续，于是只好仍旧在家里，用《华英进阶》、《华英字典》（这是中国第一部英文字典，商务印书馆出版）、《代数备旨》等书自修。另外再作些策论《四书义》，请邑中的老先生评阅。秋间再去考乡试，举人当然无望，却从临时书肆（当时平日书店很少，一至考试时，试院附近临时书店如林）买了严译《原富》《天演论》等书回来，莫名其妙地翻阅。又因排满之呼声已起，我也向朋友那里借了《新民丛报》等来看，由是对于明末清初的故事与文章很有兴味，《明季稗史》《明夷待访录》《吴梅村集》《虞初新志》等书，都是我所耽读的。

十八岁那年，因了一位朋友的劝告，同到绍兴府学堂（即现在浙江第五中学的前身）入学。在那一二年中，内地学堂已成立了不少。当时办学概依奏定学堂章程，学制很划一。县有县学堂，性质为现在的高小程度，府学堂则相当于现在的中学，省学堂相当于大学预科，京师大学堂即现在的所谓大学了。学堂的成立，并无一定顺序，我们绍兴是先有中学，后有小学的。府学堂不收学费，宿费更不须出，饭费只每月二元光景。并且学校由书院改设，书院制尚未全除，月考成绩若优，还有一元乃至几毛钱的"膏火"（膏火是书院时代的奖金名称，意思是灯油费）可得。读书不但可以不花钱，而且弄得好还有零用可获得的。

府学堂的科目记得为伦理、经学、国文、英文、史学、舆地、算学、格致（即现在的理化博物）、体操、测绘（用器画舆地图），功课亦依程度编级，一如中西书院的办法。我因英文已有半年每日三点钟及在家自修的成绩，居然大出风头，被排在程度顶高的一级里，算学与国文的班次也不低。同学之中年龄老大的很多，班级皆低于我，我于是颇受师友的青眼。

国文是一位王先生教的，选读《皇朝经世文编》，作文题是《范文正公为秀才时便以天下为己任》《士先器识而后文艺》之类。经学是徐先生（即刺恩铭的徐锡麟烈士）担任的，他叫我们读《公羊传》，上课时大发挥其微言大义。测绘也由这位徐先生担任。体操教师是一位日本人。他不会讲中国话，口令是用日本语的，故于最初就由他教我们几句体操用的日本语，如"立正""向前"之类。伦理教师最奇特，他姓朱，是绍兴有名的理学家，有长长的须髯，走路踱方步，写字仿朱子。他教我们学"洒扫应对""居敬存诚"，还教我们舞佾，拿了鸡尾似的劳什子做种种把戏。据他的主张，上课时书应端执在右手，不应挟在腋下；上班退班都须依照长幼之序"鱼贯而行"，不应作鸟兽散；见先生须作揖，表示敬意。我们虽不以为然，却不去加以攻击，只依老古董相待罢了。

当时青年界激昂慷慨，充满着蓬勃的朝气，似乎都对于中国怀着相当的期待，不像现在的消沉幻灭。庚子事件经过不久，又当日俄战争，风云恶劣，大家都把一切罪恶归诸满人，以为只要把满人推倒，国事就有希望了。《新民丛报》《浙江潮》等杂志大受青年界的欢迎，报纸上的社论也大被注意阅读。那时恋爱尚未成为青年间的问题，出路的关心也不如现在的急切（因为读书人本来不大讲究出路），三四朋友聚谈，动辄就把话题移到革命上去，而所谓革命者，内容就只是排满，并没有现在的复杂。见了留学生从日本回来没有辫子，恨不得也去留学，可以把辫子剪去（当时普通人是不许剪辫子的）。见了花翎颜色顶子的官吏，就暗中憎恶，以为这是奴隶的装束。卢梭、罗兰夫人、马志尼等，都因了《新民丛报》的介绍，在我们的心胸里成了令人神往的理想人物。罗兰夫人的"自由，自由！天下几多罪恶假汝之名以行！"已成了摇笔即来的文章的套语了。

我在这样的空气中过了半年中学生活，第二学期又辍学了。这次辍学并非由于拿不出学费，乃是为了要代替父亲坐馆。父亲在一年来已在家授徒了，一则因邻近有许多小孩子要请人教书，二则父亲嫌家里房屋太大，住了太寂寞，于是在家里设起书塾来。来读的是几个族里与邻家的小孩。中途忽然有一位朋友要找父亲去替他帮忙，为了友谊与家计，都非去不可。书馆是不能中途解散的，家里又无男子，很不放心，于是就叫我辍学代庖。功课当然是我所教得来的。学生不多，时间很有余暇，于是一壁教书，一壁仍行自修。家里人颇思叫我永继父职，就长此教书下去。本乡小学校新立，也邀我去充教习，但我总觉得于心不甘。

恰好有一个亲戚的长辈从日本留学法政回来，说日本如何如何的好，求学如何如何的便利。我对于日本留学梦想已久了，听了他的话，心乃愈动。父母并不大反对，只是经费无着，乃遍访亲友借贷，很费力地集了五百元，冒险赴日。

当时赴日留学成为一种风气。东京有一个宏文学院，就是专为中国留学生办的，普通科二年毕业，除教日语外，兼教中学课程。凡想进专门以上的学校的，大概都在那里预备。我因学费不足两年的用度，乃于最初数月请一日本人专教日文，中途插入宏文学院普通科去。总算我的自修有效，英算各科居然尚能衔接赶上。在那里将毕业的前二三月，东京高等工业学校招考了，我不待毕业就去跨考，结果幸而被录取。当时规定，入了官立专门学校就有官费的，而浙江因人多不能照办。我入高工后快将一年，就领不到官费，家中已为我负债不少，结果乃又不得不中途辍学回国，谋职糊口。我的中学时代就此结束了，那年我二十一岁。

总计我的中学时代，经过许多的周折，东补西凑，断续不成片断。我为了修得区区的中学课程，曾经过不少磨难，空费过长期的光阴。这种困苦的经验，当时不但我个人有过，实可谓是一般的情形。现在的中学生在这点上真艳羡，真是幸福。

光复杂忆

夏丏尊

武汉起义以后，各省纷纷响应，大都"兵不血刃"就转了向了。我们浙江的改换五色旗是十一月五日。那时我在杭州，事前曾有风声说就要发动。四日夜里尚毫不觉得有什么，次晨起来，知道已光复了，抚台已逃走。光复的痕迹，看得见的只有抚台衙门的焚烧的余烬，墙上贴着的都督汤寿潜的告示，和警察袖上缠着的白布条。街上的光景和旧历元旦很相像，商店大半把门闭着，行人很稀少。

一时流行的是剪辫，青年们都成了和尚。因为一向梳辫的缘故，梳的方向与发的本来方向不同，剃去以后每人头上有着白白的一圈，当时有一个名字，叫作奴隶圈。这时候最出风头的不消说是本来剪了发的留学生了。一般青年都恨不得头发快长起，掠成"西发"。老成拘谨些的人不敢就剪辫，或剪去一截，变成鸭屁股式。乡下农民最恋恋于辫发，有一时，警察手中拿了剪刀，硬要替行人剪发，结果乡下人不敢上城市来了。有的把辫子盘起来藏在帽里，可笑的事情不少。

当时尚未发明标语的宣传法，大家只在日用文件上表示些新气象。最初用黄帝纪元，第二年才称民国元年。在文字的写法上有好些变化，革命军的"军"大家都写作"軍"，"民"字写作"圆"，据说是革命军与人民

011

出了头的意思。"國"字须写作"圀"，据说是共和国以人民为主体的意思。这风气直至民国四五年袁世凯要称帝时还存在着。朋友 × 君曾以"國"字为谜底作一灯谜云，"有的说是民意，有的说是王心，不知这圈圈内是什么人。"國字旧略写作"囯"。× 君的灯谜是暗射当时的时事的。

"现在是民国时代了，什么花样都玩得出来！如果在前清是……"光复后不到几年，常从顽固的老年人口中听到这样的叹息。记得在光复当时，人心是非常兴奋的。一般人，尤其是青年，都认中国的衰弱，罪在满洲政府的腐败，只要满洲人一倒，就什么都有办法。辫子初剪去的时候，我们青年朋友间都互相策励，存心做一个新国民，对时代抱着很大的希望。就我个人说，也许是年龄上的关系吧，当时的心情比十六年欢迎党军莅境似乎兴奋得多。宋教仁的被暗杀，记得是我幼稚素朴的心上第一次所感到的幻灭。

光复初年的双十节不像现在的冷淡，各地都有热烈的庆祝。我在杭州曾参加过全城学界提灯会，提了"国庆纪念"的高灯，沿途去喊"中华民国万岁！"自六时起至十时才停脚，脚底走起了泡。这泡后来成了两个茧，至今还在我脚上。

第 二 章

杭城岁月：
文教新风潮

教育的背景

夏丏尊

不论绘画戏剧小说，凡是一种艺术，大概都应当有背景。背景就是将事物的情况烘托显现出来，叫人不但看见事物，并且在事物以外，受着别种感动刺激的一种周围的景象。事物的好坏，不是单独可以判定的，必须摆入一种背景的当中，方才可以认得它的真相，了解它的意义。所以在艺术上，这个背景很有重要的位置。

中国人一向不大讲究背景：画地是白的；戏剧里面的开门关门，光是用手装一个样子；车子只有两扇旗子，骑马也只有一支马鞭就算了。近来虽已经加了布景，但是不管戏情，用来用去，总是这几种老样式，也可算不讲究背景的证据了。至于古来的诗词，却颇多用背景的。用了背景，就添出许多的情趣。譬如"风萧萧兮易水寒，壮士一去兮不复还"，这可算得最悲壮的文字了。但是离开了第一句，便失却它悲壮的意味，因为第一句就是第二句的背景的缘故。其余如"暝色入高楼，有人楼上愁"，"落日照大旗，马鸣风萧萧"等许多好文章，也都可以用这个道理来说明它的好处。

从此看来，背景差不多可算艺术的生命了。教育从一种意义上说也是一种艺术，主张这一说的人近来很多。就是当初将教育组成为一种科学的海尔把尔脱也有这个意见：也应当有背景。没有背景的艺术不能叫作艺术。没有背景的教育也不能叫作教育。

什么叫作教育的背景？这个问题可分几层解释。

第一，我们所行的教育是人的教育，当然应当用人来做背景。人究竟是个什么？这原是最古的疑问，到现在还没有十分解决。原来人有两种方面：一种是动物的方面，就是肉的方面；一种是理性的方面，就是灵的方面。古今东西的哲人都从这两方面来解释人。因为注重的地方不同，就生出种种的意见来了。西洋史上显然有这两个潮流，希腊及罗马初期的人注重肉的方面；基督教徒注重灵的方面，就是前一潮流的反动。这两种主张彼此冲突，结果就变了宗教战争。文艺复兴以后到 19 世纪，就是主肉主义全盛的时代，近来学者大概主张灵肉一致了。这个灵肉一致，在我们中国却是已经有过的思想。孔子所谓"从心所欲不逾矩"，就是灵肉一致的状态。

这个人字的解释将来不知还要如何变迁，现在的理想大概是灵肉一致了。所以我们看人不可看得太高，也不可看得太低。进化论一派的学者说人不过为生物的一种，这样看人未免太低。但是用一般所说的人为万物之灵、可以支配一切的看法来看人，也未免看得太高。这两种都不是人的真相。人原本是两面兼有的：一面有肉欲的本能，一面还有理性的本能；一面有利己的倾向，一面还有利他的倾向；一面有服从的运命，一面还有自由的要求。这两方面使他调和一致，不生冲突，这就是近代人的理想。近代伦理学上主张自我实现，教育上主张调和发达，也无非想满足这个要求。"不管学生将来入何等职业，先使他成功一个人。"卢骚这句话说在百年以前，到现在还是真理。现在普通教育中所列的科目，都是养成人的材料，不是教育之目的物，也不是学问。地理是从面的方面解释人生的，历史是从直的方面解释人生的，数学是锻炼人的头脑的，理科是说明人的周围及人与自然界之关系的，语言文字是了解人与人的思想的，体操是锻炼人的身体意志的，其他像手工农业等，虽似乎有点带着职业的色彩，但是在普通教育中，仍是注重陶冶品性的一面。总之，现在普通教育上所列的科目，除了以人为背景以外，完全是毫无意义的。若当作教育之目的物看，当作学问看，那就大错了。

我们中国办学已经二十年光景，这个道理好像大家还没有了解。社会上大概批评学校里的课程无用。有几种父兄竟要求学校说："我的子弟只要叫他学些国文算学。体操手工没有什么用场，不必叫他学。"普通学校里的学生也有专欢喜国文的，也有专欢喜数学的，也有专欢喜史地的。遇着洒扫劳动的作业，大家就都不耐烦。这种都是将材料当作目的物看，当作学问看，不当它养成人的方便看的缘故。不但社会和学生不晓得这个道理，就是教育者，不晓得这个道理的也很多。现在大多的教育者，无非将体操当作体操教，将算术当作算术教，将手工当作手工教罢了。

课程自课程，人自人，这种无背景的教育，就是再办几十年也没有什么效果。所以教育上第一件事是要以人为背景。

人是教育第一种的背景了。无论何物，不能离开空间与时间的两大关系，这个空间时间，在人就是境遇和时代了。不论英雄豪杰，都逃不了境遇和时代的支配。印度地处热带，山川动植物皆极伟大，自然界恍如扑倒人生，所以有佛教思想。中欧气候温和，山川柔媚，所以有自由思想。批评家看见绘画诗文，就是无名的，也能大略辨别它是哪代的制作。这都是人不能离开境遇和时代的证据。所以教育上，第二应当以境遇和时代为背景。

从前斯巴达以战争立国，奖励敏捷，教育上至提倡盗窃。这虽是已甚的例，足见时代和境遇所要求的知识，才是有用的知识。现在是何等时代，我们现在是何等境遇，这都是教育家所应当考求的问题。教育家虽然不能促进时代，改良境遇，断不可违背大势而误人子弟。已经这个时候了，还要去讲春秋的大义、冕旒的制度，教人读《李斯论》《封建论》的文章，出《岳飞论》《始皇论》的题目，学少林、天台派的拳棒，使学生变成半三不四的人物，学了几年，一切现在的制度，生活上应有的常识，仍旧茫然。这不是现在教育界的罪恶吗？八股时代有一句讥诮读书人的话，说道"八股通世故不通"，现在的教育界能逃避这个讥诮么？

一国有一国的历史，自然不能样样模仿他人，但是一般的趋势，也应该张开眼来看看。一味的保守因袭，便有不合时宜、阻止进步的流弊。旧材料并非不可用，就是用这个材料的态度，很宜注意。一切历史上事实，无非人文进化的过程。这个过程，并无可宝贵的价值。若用了这些材料来说明现在的文化的来历，使人了解所以有新文化的道理和新文化的价值，自然是应该的事。若食古不化，拘泥了这个过程，这就是于现在生活无关系的用法，这种教育就是无背景的教育了。时势既到了今，不能再回到古去。历史上虽然也有复活的事实，但所谓复活者，并不是与前次一式一样，毫无变易的。譬如以前衣服流行大的，后来流行小的，近来又渐渐地流行大的了。近来的大的与以前的大的，究竟式样不同，以前的大，却不失为现在的大的过程。但若是要想拿来混充新的，这是万不能够的事。现在教育家只求博古，不屑通今，所以教育界中完全是尊古卑今的状态。十几岁的学生一动着笔便是古者如何，今则如何，居然也有"江河日下，世风不古"的一种遗老的口吻。这虽是他们思想枯窘聊以塞责的口头禅，也可算是教育不合时势的流毒了。所以要主张以境遇时代为教育的背景。

上面两种背景以外，还有第三种的背景，就是教育者的人格。现在的学校教育是学店的教育，教育者与被教育者的中间但有知识的授受，毫无人格上的接触；简直一句话，教育者是卖知识的人，被教育者是买知识的人罢了。机械的大家卖来卖去，试问这种知识有什么用处？真正的教育需完成被教育者的人格，知识不过人格一部分，不是人格的全体。现在学校教育何尝无管理训练，但是这个管理训练与教授绝对的无关系。教育者大概平日只负教授的责任，遇着管理训练的时候，便戴起一副假面具，与平时绝对成两样的态度了。这种管理训练除了以记过除名为后盾以外，完全不能发生效力。而且愈发生效力，结果愈不好，因为于人格无关系的缘故。

人格恰如一种魔力，从人格发出来的行动，自然使人受着强大的感化。同是一句话，因说话者人格的不同，效力亦往往不同。这就是有人格的背景与否的分别。空城计只好让诸葛亮摆的，换了别个便失败了；诸葛亮也只好摆一次的，摆第二次便不灵了。

"以言教者讼，以身教者从"，教育者必须有相当的人格，被教育者方能心悦诚服。只靠规则是靠不住的。我说这句话的意思，并不是凡是教育者必须贤人圣人。理想的人物本是不可多得的，我并不要求教育者皆有完美之人格。原来学校所行的教育，都不过是一种端绪，一切教科，无非是基本的事项，不是全体。所以教育者于人格方面，也只求能表示基本的端绪够了。这个人格的基本端绪，比了教科的基本端绪成就虽难，但是不能说这是无理的要求。

这三种是教育的背景，教育离开了这三种，就无意义。试问现在的教育用什么做背景？有没有背景？

紧张气氛的回忆

夏丏尊

前后约二十年的中学教师生活中，回忆起来自己觉得最像教师生活的，要算在××省×校担任舍监，和学生晨夕相共约七八年，尤其是最初的一二年。至于其余只任教课或在几校兼课的几年，跑来跑去简直松懈得近于帮闲。

我的最初担任舍监是自告奋勇的，其时是民国元年。那时学校习惯把人员截然划分为教员与职员两种，教书的是教员，管事务的是职员，教员只管自己教书，管理学生被认为是职员的责任。饭厅闹翻了，或是寄宿舍里出了什么乱子了，做教员的即使看见了，照例可"顾而之他"或袖手旁观，把责任委诸职员身上。而所谓职员者又有在事务所的与在寄宿舍的之分，各不相关。舍监一职，待遇甚低，其地位力量易为学生所轻视。狡黠的学生竟胆敢和舍监先生开玩笑，有时用粉笔在他的马褂上偷偷地画乌龟，或乘其不意把草圈套在他的瓜皮帽结子上。至于被学生赶跑，是不足为奇的。舍监在当时是一个屈辱的位置，做舍监的怕学生，对学生要讲感情。只要大家说"×先生和学生感情很好"，这就是漂亮的舍监。

有一次，×校舍监因为受不过学生的气，向校长辞职了，一时找不到相当的替人。我在×校教书，颇不满于这种情形，遂向校长自荐，去兼充了这个屈辱的职位。这职位的月薪记得当时是三十元。

我有一个朋友在第×中学做教员，因在风潮中被学生打了一记耳光，辞职后就抑郁病死了。我任舍监和这事的发生没有多日，心情激昂得很，以为真正要做教育事业须不怕打，或者竟须拼死，所以就职之初就抱定了硬干的决心；非校长免职或自觉不能胜任时决不走，不怕挨打，凡事讲合理与否，不讲感情。

×校有学生四百多人，其中年龄最大的和我相去只几岁。我在×校虽担任功课有年，实际只教一二班，差不多有十分之七八是不相识的。当时轻视舍监已成了风气，我新充舍监，最初曾受到种种的试练。因为我是抱了不顾一切的决心去的，什么都不计较，凡事皆用坦率强硬的态度去对付，决不迁就。在饭厅中，如有学生远远地发出"嘘嘘"的鼓动风潮的暗号，我就立在凳子上去注视发"嘘嘘"之声的是谁？饭厅风潮要发动了，我就对学生说："你们试闹吧，我不怕。看你们闹出什么来。"人丛中有人喊"打"了，我就大胆地回答说："我不怕打，你来打吧。"学生无故请假外出，我必死不答应，宁愿与之争论一二小时才止。每晨起床铃一摇，我就到斋舍里去视察，如有睡着未起者，一一叫起。夜间在规定的自修时间内，如有人在喧扰，就去干涉制止，熄灯以后见有私点洋烛者，立刻赶进去把洋烛没收。我不记学生的过，有事不去告诉校长，只是自己用一张嘴和一副神情去直接应付。每日起得甚早，睡得甚迟，最初几天向教务处取了全体学生的相片来，一叠叠地摆在案上，像打扑克或认方块字似的一一翻动，以期认识学生的面貌名学及其年龄籍贯学历等等。

我在那时颇努力于自己的修养，读教育的论著，翻宋元明的性理书类，又搜集了许多关于青年的研究的东西来读。非星期日不出校门，除在教室授课的时间外，全部埋身于自己读书与对付学生之中。自己俨然以教育界的志士自期，而学生之间却与我以各种各样的绰号，据我所知道的，先后有"阎罗""鬼王""戆大""木瓜"几个，此外也许还有更不好听的，可是我不知道了。

　　我做舍监原是预备去挨打与拼命的，结果却并未遇到什么，一连做了七八年。到后来什么都很顺手，差不多可以"无为卧治"了。事隔多年，新就职时那种紧张的气氛，至今回忆起来还能大概在心中复现。遇到老学生们也常会大家谈起当时的旧事来，相对共笑。

我们的舍监夏丏尊

曹聚仁

　　一个人，年轻时有他的梦想，壮年时有他的努力圈，老年时有他的名山计。夏丏尊先生年轻时梦想什么，我不大清楚；他绝不是梦想靠翻译些名著抽版税过日子，我可以这样断言。他壮年以后，努力想做一个教育界的志士："努力于自己的修养，读教育的论著，翻看宋元明的性理书类，埋身于自己读书与对付学生之中。"那么，他和章锡琛先生的经营开明书店，不妨说是他的名山事业了。

　　夏先生所翻译的《爱的教育》，自从出版以来，销路从未减退过，是一部中学生最适宜的课外读物。曾经有一位 × × 中学校长，望文生义，在一次公开集会中，说青年男女只知道谈爱情，看《爱的教育》一类的小说；另外一位教员告诉他不要乱说，叫他取原书一看；他看了原书，深悔失言，逢人便说这部小说的好处，反而做了义务的推销员。这部小说的版税，酬答夏先生为教育界努力的辛勤，也可说是种善因所得的善果。开明书店的事业，可以用"切实"二字括之。我曾说：新起的三家书店，都有点书店老板的性格。"北新"如李小峰先生之深沉，"生活"如邹韬奋先生之活泼，"开明"如夏丏尊先生之持重，再加以章锡琛先生之精明。"生活"以青年为对象，"开明"则以学生为对象。自从开明书店登场，中国才有认真为学生着想的读物，书店和其他一样，以营业谋利为第一义，我们却都望书业中人要"谋利不忘文化"。可尊先生做舍监，认真管理一校的学生，做书店总编辑，慨然以全中国学生的知识为己任，我说他即以开明书店为名山事业，不算说错吧？

夏先生另外一种译作，是厨川白村的《近代恋爱观》。原书在日本曾有惊人的销数，在中国的译本，销数并不十分大。中国的男女关系，一方面只喋喋于性欲，一方面又把恋爱视作劣情游戏。译本行世时，正当一些青年献身于社会革命，不十分注意恋爱问题，又当张竞生的《性史》和章衣萍的《情书一束》风行的时候，有些青年又不十分喜欢正当的恋爱观。（夏先生所说的"青年对于浅薄的性书，趋之若鹜，肉的气焰大张"这情形，正是近代恋爱观被冷淡的最大原因。）但这书的时代意义依然保存着，直到此刻现在。

夏先生的女性观，见于题名《闻歌有感》的杂文中。他说："几年前，我读了莫泊桑的《一生》，在女主人公的一生的经过，感到不可言说的女性的世界苦。好好的一个女子，从嫁人生子一步一步地陷入死的口里去；因了时势和国土，其内容也许有若干的不同，但总逃不出那自然替伊们预先设好了平板的铸型一步。"他的一个气概不可一世的从妹对他大发挥其毕生志愿，他曾加以冷笑，激起了那从妹的愤怒。后来那从妹结婚了，再后来，生子了，一步一步同样地踏上那阶段去。什么"经济独立""出洋求学"等等，都如春梦浮云，一过便无痕迹。——"家的铁笼"把那不可一世的英雄的野性驯服了，因此，夏先生说：

> 贤妻良母主义虽为世间一部分人们所诟病，但女性是免不掉为妻与为母的。说女性于为妻为母以外还有为人的事，则可以说女性既为了人，就无须为妻为母，决不成话。既须为妻为母，就有贤与良的理想要求，所不同的只是贤与良的内容解释罢了。可

是无论把贤与良的内容怎样解释，总免不是一个重大的牺牲，逃不出一个忙字。

这是一个平实的女性观，和他的一切主张相适应的女性观；其为一些人所赞同在"平实"，或为一些人所反对，亦在"平实"。

夏先生不大写小说，写成那几篇都很精莹。他常说："我们看看别人的作品，总觉得不满意，自己动笔又写不好；我是眼高笔疏。"这当作他的自谦也可以，即当他的坦白自陈也可以。夏先生的名山事业，并不在文艺创作呢！

刘劭《人物志》论人之品性，以中和为最贵。"中和之质，必平淡无味；故能调成五材，变化应节。"我的师友中，大都有所偏；求其中和平深，夏先生庶几近之。与中正和平的人来往，初亦平平无奇；越到后来，越觉有意思。我和叶圣陶先生虽非深交，据我观察，叶先生亦是中和一流，再加上一个朱自清先生吧。

我和夏先生相识时，那时他是我们的舍监；说老实话，我们，不仅是我，都很不喜欢他，因为他是舍监。夏先生说他担任杭州第一师范的舍监是自告奋勇的。"舍监一职，待遇甚低，其地位力量为学生所轻视，狡黠的学生竟胆敢和舍监先生开玩笑，有时用粉笔在他的马褂上偷偷地画乌龟，或乘其不意，把草圈套在他的瓜皮帽结子上，至于被学生赶跑，是不足为奇的。"他抱了不顾一切的决心去做舍监，凡事皆用坦率强硬的态度去对付。在饭厅中，如有学生远远地发出"嘘嘘"的鼓动风潮的暗号，他就立刻站在凳子上去注视发嘘嘘之声的是谁。人群中有喊"打"的，他就大胆回答说："我不怕打，你来打吧！"学生无故请假外出，他必死不答应。每晨起床铃一摇，他就到斋舍里去视察，如有睡着未起的，一一叫起。夜间在规定的自修时间内，如有人在喧扰，他就去干涉制止。天下的舍监和训育主任，都是给学生头痛的，夏先生当然不在例外；夏先生自己知道学生给他的绰号，先后"阎罗""鬼王""戆大""木瓜"几个。我们因为对于他没有好感，又很怕他，只有另找一对象来出气；同学之中，有一人，样儿和夏先生非常相像，我们就指着和尚骂秃驴，一切冤气都往那同学身上去泄。现在回想起来，夏先生做舍监的确很尽职；直到我自己做了中学部主任，才知道"舍监""训育主任"一类的职务，真难于称职的。

我在第一师范读书五年，并未读过夏先生的国文课，他所教的是甲组，我所进的是乙组，就一直无缘听讲。只在二年级时，他曾教我们两小时的中等国文典；国文典已经是枯燥无味的技能科，而他又是舍监，其干枯的程度更是进一层，我们仿佛小鬼见了阎王。民国九年，我们的国文教师，以渊博为我们所信仰的教师都走了；在白话文运动中，新来的刘、陈、李三先生以外，配上了夏先生，成为四金刚，夏先生自己的社会观改变了，舍监制度和操行分数也一同给新思想冲掉了，我们对夏先生的看法，已经有点改变了。

留经运动结束以后，学生自治会还议决了挽留"四大金刚"的议案；我和范尧生做挽留代表，我们的心中，以为学生挽留，那就什么不成问题了。（因为我们所表决反对的教师职员，谁也不敢再来尝试，我们自以为有决定去留的权威。）夏先生只和我们谈些闲天，一说到复职的正文，他就摇头不让我们说下去。三番四次没有结果，我忽然觉得夏先生的胸襟有点阔大，我有点敬仰他了——他的为人，不带一点急功近利的意味。十年舍监生涯，固然麻烦了他，也因此使他对于青年的心怀有深切了解和同情。

夏丏尊先生所做的事，所处的职务，大半都是稳健的，比较长时间的，他做了那么多年的舍监，又在春晖中学教了那么多年的书，开明书局的稳健发展，和他也有密切的关系。只有两次到暨南大学去教书，都是暂局；暨南大学真是一个奇妙的学校，我在暨南的时候，偶尔遇到他，他总是慢慢儿地问道："近来怎样的啦？"是一种关切的询问。他知道暨南是一个不易立足的泥潭，他便决然地拔足了。他到暨南时，上课以前，时常在我的一位好友吴君的房中休息。其时民国十五年，国民革命的力量正在南方发展，每个青年都当作一种"光明"去追求，吴君的关于思想的恋爱苦闷，我和他非常知己，可半点意见也不敢表示。恰巧黄埔军官学校，在上海秘密招考第六期学生，他就决意去试试新的命运。可是他因为父母年老，决了意又再三动摇起来。他又决计进国民党，想以党的生活来解决思想上的矛盾；但他对于社会问题的了解，实在是浅薄的，也许只有追求光明的热情，而无追求光明的理解力，又再三犹疑下来。有一天他忽然对我说，我要问问夏先生看，请他指导指导我。夏先生的答话很有力量，夏先生叫他想一想，究竟对于国民党有没有真实的信仰？在举国若狂、如水趋下的时候，夏先生要青年们检讨自己的真实信仰，这必须有真实的胆识，才敢说的；后来吴君殉了他自己的信仰而死去了，他该有真实的信仰了吧？

在《十年续集》中，有一篇题名《流弹》的小说，写的夏先生对于一个青年热恋狂的态度，那青年一天到晚去掀夏寓的电铃，坐在夏寓的客厅叙谈。那青年所爱的，是夏先生兄弟家中一个女客，他已经去麻烦过几回，给夏先生的弟妇，当作一个无知的疯汉逐出门外。如莎士比亚所说的，恋爱是一种热病，要关在黑房子里抽鞭子的。至少也像醉汉那样，自己满口说我并没有醉，我明白得很，其实糊涂透顶，早闹了大大的笑话的。他向夏先生诉说，说他自己对于《近代恋爱观》的译者，早见深切的敬仰，而他目前的恋情也只有夏先生能了解。夏先生自谦对于恋爱并无经验，而对于那青年的种种幻觉，只轻轻用理智的话去提醒一点。他对那青年负责劝他的弟妇送那女客回家乡去，让他们自己去解决。他在弟妇的客厅上，又叫那女客和这狂热的青年面晤，他对于这青年的同情，并不热烈，然而是很切实的。那篇小说很好，而他对于青年热恋的态度更好。

夏先生的杂文集，题名为《平屋杂文》，其中有一篇，写他的一个在南京做星相家的旧友，由教书匠降而为星相家，也可说是知识分子的没落，夏先生他并不想在文人的幻象世界中苟安下去，那位星相家自己踉跄不安，夏先生觉得自己同样的没落，并不见得彼善于此。至少星相家能给人们以虚无缥缈的希望，也是涸辙之鱼相濡以沫的慰安，那也是好的。

能给彷徨的青年以温暖的同情，这可说是平凡的理智的社会观的产物，我有点赞成这个态度。

鲁迅翁杂忆

夏丏尊

我认识鲁迅翁，还在他没有鲁迅的笔名以前。我和他在杭州两级师范学校相识，晨夕相共者好几年，时候是前清宣统年间。那时他名叫周树人，字豫才，学校里大家叫他周先生。

那时两级师范学校有许多功课是聘用日本人为教师的，教师所编的讲义要人翻译一遍，上课的时候也要有人在旁边翻译。我和周先生在那里所担任的就是这翻译的职务。我担任教育学科方面的翻译，周先生担任生物学科方面的翻译。此时，他还兼任着几点钟的生理卫生的教课。

翻译的职务是劳苦而且难以表现自己的，除了用文字语言传达他人的意思以外，并无任何可以显出才能的地方。周先生在学校里却很受学生尊敬，他所译的讲义就很被人称赞。那时白话文尚未流行，古文的风气尚盛，周先生对于古文的造诣，在当时出版不久的《域外小说集》里已经显出。以那样的精美的文字来译动物植物的讲义，在现在看来似乎是浪费，可是在三十年前重视文章的时代，是很受欢迎的。

周先生教生理卫生，曾有一次答应了学生的要求，加讲生殖系统。这事在今日学校里似乎也成问题，何况在三十年以前的前清时代。全校师生们都为惊讶，他却坦然地去教了。他只对学生提出一个条件，就是在他讲的时候不许笑。他曾向我们说："在这些时候不许笑是个重要条件。因为讲的人的态度是严肃的，如果有人笑，严肃的空气就破坏了。"大家都佩服他的卓见。据说那回教授的情形果然很好。别班的学生因为没有听到，纷纷向他来讨油印讲义看，他指着剩余的油印讲义对他们说："恐防你们看不懂的，要么，就拿去。"原来他的讲义写得很简，而且还故意用着许多古语，用"也"字表示女阴，用"了"字表示男阴，用"么"字表示精子，诸如此类，在无文字学素养未曾亲听过讲的人看来，好比一部天书了。这是当时的一段珍闻。

周先生那时虽尚年轻，风采和晚年所见者差不多。衣服是向不讲究的，一件廉价的羽纱——当年叫洋官纱——长衫，从端午前就着起，一直要着到重阳。一年之中，足足有半年看见他着洋官纱，这洋官纱在我记忆里很深。民国十五年初秋他从北京到厦门教书去，路过上海，上海的朋友们请他吃饭，他着的依旧是洋官纱。我对了这二十年不见的老朋友，握手以后，不禁提出"洋官纱"的话来。"依旧是洋官纱吗？"我笑说。"呃，还是洋官纱！"他苦笑着回答我。

周先生的吸卷烟是那时已有名的。据我所知，他平日吸的都是廉价卷烟，这几年来，我在内山书店时常碰到他，见他所吸的总是金牌、品海牌一类的卷烟。他在杭州的时候，所吸的记得是强盗牌。那时他晚上总睡得很迟，强盗牌香烟、条头糕，这两件是他每夜必需的粮。服侍他的斋夫叫陈福。陈福对于他的任务，有一件就是每晚摇寝铃以前替他买好强盗牌香烟和条头糕。我每夜到他那里去闲谈，到摇寝铃的时候，总见陈福拿进强盗牌和条头糕来，星期六的夜里备得更富足。

周先生每夜看书，是同事中最会熬夜的一个。他那时不做小说，文学书是喜欢读的。我那时初读小说，读的以日本人的东西为多，他赠了我一部《域外小说集》，使我眼界为之一广。我在二十岁以前也曾读过西洋小说的译本，如小仲马、狄更斯诸家的作品，都是从林琴南的译本读到过的。《域外小说集》里所收的是比较近代的作品，而且都是短篇，翻译的态度、文章的风格，都和我以前所读过的不同。这在我是一种新鲜味。自此以后，我于读日本人的东西以外，又搜罗了许多日本人所译的欧美作品来读，知道的方面比较多起来了。他从五四以来，在文字上、思想上，大大地尽过启蒙的努力。我可以说在三十年前就受他启蒙的一个人，至少在小说的阅读方面。

周先生曾学过医学。当时一般人对于医学的见解，还没有现在的明了，尤其关于尸体解剖等类的话，是很新奇的。闲谈的时候，常有人提到这尸体解剖的题目，请他讲讲"海外奇谈"。他都一一说给他们听。据他说，他曾经解剖过不少的尸体，有老年的、壮年的，男的、女的。依他的经验，最初也曾感到不安，后来就不觉得什么了，不过对于青年的妇人和小孩的尸体，当开始去破坏的时候，常会感到一种可怜不忍的心情。尤其是小孩的尸体，更觉得不好下手，非鼓起了勇气，拿不起解剖刀，我曾在这些谈话上领略到他的人间味。

周先生很严肃，平时是不大露笑容的，他的笑必在诙谐的时候。他对于官吏似乎特别憎恶，常模拟官场的习气，引人发笑。现在大家知道的"今天天气……哈哈"一类的模拟谐谑，那时从他口头已常听到。他在学校里是一个幽默者。

一九一九年的回顾

夏丏尊

1919 年，到今日为止，就要告终了！这一年的历史，在将来世界史上不知要占什么样的位置？这个问题就是历史家，恐怕一时也不容易下一个简单的猜测。世界史上最可纪念的事件大概要算"文艺复兴""宗教改革""法国革命"……这几件。这种事件可以纪念的理由并不在它事件的本身，是在它所发生出来的各方面的影响，因为事件本身是有空间与时间的限制的，它的影响是可以不受时间与空间的限制，可以继续、变形随处发展的。1919 年中所经过的事故，在政治、经济、社会、思想、生活各方面，都受着一种空前的刺激，而且这种刺激，无论哪一民族哪一国家，直接或间接的多少也都受着一点。这一年对将来的关系实在不小。有人说，"1919 年的一年，可以抵从前的一个世纪。"据我的感想，觉得这句夸大的话还不能够形容这一年中的经过！

我们生在 20 世纪，能够和世界上的人一同经过这多事的 1919 年，究竟还是"躬逢其盛"，还是"我生不辰"？姑且不要管它。我们且用我们的记忆，于 1919 年将要完了的时候作一瞥的回顾。

这一年的经过，从世界方面说：有大战和议、各国罢工、过激战争、劳动会议……从中国说：有青岛问题、福建问题、西藏问题、抵制日货、学生罢课、商人罢市、白话出版物、国民大会、学生联合会、南北不和不战、教员罢课……从浙江一省说：有议员加薪、学生罢课、提前放假、商人罢市、虎列拉、焚毁日货、国民大会……实在可算得一个"多事之秋"！我也说不得许多，姑且限定范围，从中国方面说——姑且从中国的教育方面说：

1919 年中国教育界空前的一桩事，就是五四运动。五四运动的影响，不但教育界受着，不过教育界是它的出发点，自然影响受得更大。从前的教育界的空气何等沉滞！何等黑暗！经过了五四运动以后，从前的"因袭""成规"，都受了一种破产的处分，非另寻方法重立基础不可。虽然还有许多违背时事的教育者，"螳臂当车"地在那里要想仍旧用老规矩，来抵抗这磅礴的怒潮，但是我们总不能承认它是有效的事业。据我所晓得，大多数学校自本学年起，教授上管理上多少都有点改动，不过改动的程度和分量有点不同罢了。

有人说："五四运动以后的学风，比较以前嚣张，旧法已经破坏，新精神还没有确立，教授上管理上新的效力完全不能收得，反生出从前未有的恶风来。这种现象，难道可以乐观吗？"我想现在的教育界，平心讲来，也究竟还没有完全上正当的轨道。不过从本学年起，已经有了一个"动"字，"动"得好，固然最好没有了；"动"得不好，也不该就抱悲观：因为"动"总比以前的"不动"好得多。天下本来不应该有"完全无缺"的事，逐渐改动，就是渐与"完全无缺"接近的方法，固滞不动，那是没有药医的死症！我对于 1919 年的教育界，所最纪念的就是一个"动"字！

但是，"动"有"动"的方向和程度。1919 年的教育界于"动"的方向和程度上面，还有未满人意和我们理想的地方，自然应当想法改"动"。即使没有不满足的地方，也应该想法再"动"。这都是应该从 1920 年做起的事！所以我既然回顾了 1919 年的教育界，还要掉过头来迎接 1920 年的教育界！

施存统的《非孝》与"浙一师风潮"

姜丹书

施存统，金华人，即施复亮的原名。1919 年他是浙江省立第一师范学校（五年制）二年级学生（此时我在该校教课已届 10 年）。此校的教导宗旨，一反当时封建式的严厉束缚学生思想的常规，主张重视学生的个性，只在思想上加以合理的辅导，不加硬性束缚。尤其在五四运动以后，思想上大大解放，制度上亦已实行"学生自治制"。学生会办校刊，作为大家发表作品的园地。一师的这种做法对当时教育界具有民主进步的推动作用，因而也就被当时封建反动势力所忌妒，视为眼中之钉，正在这时就发生了施存统在《浙江新潮》上发表《非孝》一文的事情。

此文之所以发表以及其所发生的影响，大概如下：（1）施作此文的初步动机，是由于其父异常虐待其母，而他自己难乎为子——顺父逆母，不孝；帮母斗父，亦不孝，然则如之何而后可？于是深入一步思维，认识到这个矛盾，是由于中国的旧伦理观念根本不对头，乃联想到一种新学说了。（2）由于第一师范向来开放思想自由，只加辅导，不加束缚，所以施从克鲁泡特金的著作上和国内一些新杂志如无政府主义刊物《进化》等言论上，看到了许多新学说，结合到自己的处境，便相信"要改造社会，的确非先从根本上改造家庭不可"，因此就写了《非孝》一文。同时，又想到言论自由、出版自由，都载在民国的宪法上，所以鼓足了勇气，就把此文公开发表，向"封建式的家庭制度"开了这一炮。（3）此文内容大意，是要打倒不合理的孝和行不通的孝，并不真像那些顽固派所加罪名那样，对孝字的全面否定；这些话，后来施本人也曾和我谈起过的。（4）这个炮声的反响，不但震起了第一师范的正义斗争，还连累了《浙江新潮》的横遭封闭。

此文发表后，在社会上有相当冲击，一时好像飘然起了一阵罡风似的，很快就传遍全国。有些人哗然骇怪，而所攻击者，不重在施存统个人，却是扩大到整个学校，特别集中在校长经亨颐（字子渊，晚号颐渊，上虞人）身上，作为政治上"倒经"的把柄。《非孝》一文不过是一个导火线，接着就由反封建的言论进而与军阀官僚开展一场实际的斗争。

浙江省立第一师范学校的前身是浙江两级师范学堂。两级师范是清光绪三十四年（1908年）春间正式成立开学的，早在筹备期间就聘日本东京高等师范学校留学生经亨颐为教务长。民国成立，他改任两级师范校长；1913年遵照教育部令改组为第一师范学校，他仍继任为校长；直至1919年秋发生《非孝》问题时，他领导此校已历十几年了。由于他的办学精神和为人风格，造成正义坚强的学风。他的思想方面，积极前进，总是走在潮流前头；言行方面，正直不阿，不畏强御。这些特点，最为封建军阀官僚及其附和者所忌妒。在第一次世界大战结束后，又经过五四运动的激扬，新思潮与旧思想，开始正面冲突。当时蜚语，叫思想进步的一派曰"过激主义"，这是最犯忌的。有权势的和顽固的人视第一师范为"祸水"，尤恨经子渊如眼中钉，只怕没有题目，一有题目当然要大做其文章了。

现在好了，题目来了，第一师范提倡"非孝"了（不说是某一个学生），这不是"洪水猛兽"吗？当时的浙江省省长是吉林人齐耀珊，他尺把长的胡子气得根根翘起来了！记得这篇文章是那年 11 月里发表的，恰巧这时经校长以浙江省教育会代表的名义往山西太原出席全国教育会联席会议去了。以齐耀珊为首的反对派正好畅所欲为地大大酝酿一番，布成"倒经"的阵势。他们在酝酿中，就捏造"非圣、蔑经、公妻、共产"八字为经子渊的罪状，又把夏丏尊、刘大白、李次九、陈望道四位语文教师视为"四大金刚"。因为四人都是灌输新思潮的语体文教师，所以也被视为眼中钉。

11 月底，经校长回来了。齐耀珊暗命教育厅厅长夏敬观讽经辞职。经是向来有名的强项者，当面拒绝，说道：我办学十几年，固已厌倦，本来要辞职的；但公职予夺，权在执政；此身进退，当由自主，故自辞则可，受讽而辞则不可；如以我为不合，请撤职可也！经子渊的生相，巨眼赭鼻，瘦长挺拔，声謇语直，当场神气自然不会好看的。人短须长的夏敬观吃着这个冷面，只好吞吞吐吐地直奏上司。齐胡子碰了这个隔壁钉子，却也无可奈何。

过几日，齐又命教育厅转令经校长：开除学生施存统；辞退教师夏丏尊、刘大白、李次九、陈望道。经又拒绝，说道：青年学生本是交给我们教的；在尚未教好时，我们不能放弃责任，一定要教他好来；施存统言论即使失当，然没有犯罪，不能开除。若以消极的开除就算完事，则是使社会上多一个游民，怎么会对呢？所以我们要积极地继续教育。至于教师，总是教人家好的，决不会教人不孝，更不能辞退。齐胡子又碰了一鼻子灰，自然很恼恨，心中暗想：讲理是讲他不过，然而随他吧，不甘心；讲势固然权在我手，真个下令撤职吧，又知他很有声望，怕节外生枝，也不好弄，只得沉默了几天。

过后，一个"调空"的妙计出来了。有一天，来了一封公函，大略说："……先生德高望重……调任本省教育厅高等顾问"等语。经校长看后，即召开校务会议，表示：在我个人去留上只好算了，否则变为恋栈了！当天就离校，但不接受新的名义。——其时施存统和四位教师都自动离校了。

下一步骤，教育厅改聘教务主任王更三为校长，王坚决不受，聘函三送三拒。乃改任厅中视学金布为校长，学生拒绝，屡次由厅护送到校接事，屡被学生会认为伪校长而坚决拒绝。这样，教育厅又僵了。同时，学生会发动了"挽经护校"运动，内外激荡，乃掀起了一个大风潮。第一师范的学生会，组织最早、最健全、斗争性最强。他们和杭市各校的学生会声气相通，而且得到各校青年的信任。他们懂得团结就是力量，群众团结的力量是唯一的斗争后盾。

再下一幕，齐耀珊的"王牌"掼出来了——下令解散第一师范学校。但起初是内部暗定，对外瞒得铁桶一般。到了寒假，总以为全体学生都要回家了，便可乘间下令改组此校，岂不轻松愉快！不料学生会早已沉机观变，料到这一着，秘密号召全体同学概不回家，在校防守。直至明年（1920年）2月寒假已满，别校的新学期已经开课，唯此校在僵局之中无课可开，于是反动派采用"偷鸡式"的方法来实行了。

某天半夜，学生们都已熟睡。校舍范围很大，尤其前后都是空旷的场地，寝室深邃，不知动静，忽然悄悄地来了200名武装警察，包围学校。一部分警察掩入寝室，逼着几百个学生立刻出走。学生们突然惊起，拒绝走散，都徒手踉跄，被赶至大操场上就地坐下，大家仰天叫哭，抵死抗拒；警察团团包围，真如蛇盘田鸡，但亦无法赶走。内部电话，早被把守，内外隔绝，水泄不通。由于叫哭之声震天，闾阎齐惊，到了天明，一般群众奔走骇告，可是外人不知里事，莫明其所为何来？那时，学校内不得住家眷，故我们许多教职员大都散居在外，连忙辗转相传，知道其事已是上午9点多钟了。于是立刻自动集会（附近的文龙巷奉化试馆内），分作两路紧急救护：一路去买大量馒头，从西面围墙外抛进操场，以救被困学生们的饥饿；一路奔往他校告急求援（我和吴庶晨奔往女子师范，直入教室大声呼救）。此时只要有一个学校的学生会知道，就立刻发动，以电话分告各校的学生会，青年群众个个义愤填膺，立刻出动，任何人压制不住。不到 11 点钟，各校男女同学就浩浩荡荡排队而来，势如潮涌；且以女校的队伍作先锋（最前列的是女子职业学校），使警察未便动手阻挡。大家驰奔到第一师范的铁栅大门口，把门的武夫拦阻不住，一哄而入，约有 2000 以上人跑至被困的同学周围致愤激的慰问，并大声叫喊支持抗争。警察见势不佳，乃不得不解围。然警察在没有奉到上司命令以前，仍不能撤退，不过弛懈地杂在人丛中不张气焰而已。此时，我和王更三、胡公冕当场以大义说服了警察，警察中也有同情学生的，我听到他们有人说：我们都是本省的同胞，不过奉令执行公务，无可奈何而已！因此并未动手捆打，幸免流血。

这样，阵势虽破，仍在相持，未能解决。当权者亦觉得再也做不下去了，于是赶紧变计，想法收兵。直至下午四五点钟，好容易弄出个杭州中国银行行长蔡谷卿（蔡元培弟）出来，以地方绅商名义作调解人，与学生会代表（此时主干是徐白民和宣中华）打交道。一面传令撤退警队，一面接受学生会所提善后条件。于是一场有声有色有意义的斗争取得了胜利。这些条件主要是：（1）立刻收回解散学校令；（2）以后任命新校长，当先由行政方面提出第一流人选，须经学生会承认才可发表；等等。这样的条件，在当时的封建官僚看来，简直是学生造反，若非经过这样的民主斗争，怎么会胜利呢？

"浙一师学潮"的影响

董舒林

浙江第一师范是全国最早响应五四运动的学校之一，在运动的全过程中，它以鲜明的旗帜、饱满的热情和大无畏的斗争精神而震动全国，因而成为浙江新文化运动的中心，与北方的北京大学相媲美。

"浙一师学潮"是五四运动在浙江的继续和发展，是整个五四运动在浙江的组成部分；它对浙江乃至全国的政治和文化，都有巨大的影响。浙江第一师范的旧址（今杭州一中）解放后被列为省级重点文物保护单位，绝不是偶然的。

（一）

如前所述，"浙一师学潮"既然是五四运动的发展和组成部分，那么，其爆发的基本原因应与五四运动发生的原因相一致，毋庸赘述。但其导火线，两者却有区别。"一师学潮"是在一师遭受种种迫害，尤其是校长经亨颐被免职这根导火线上引燃开来的。

经亨颐从两级师范末期担任校长到蝉联一师校长，前后任校长近十年之久，他在学生中提倡"人格教育"——即道德品质教育；他提出"与时俱进"的口号作为办学方针。经氏本人身体力行其人格教育，堪为学生之师表。且平时亲近学生，深受学生爱戴；学生与他相处，多则五年，少则一年，师生之间建立了深厚的感情。学生视他如尊长，他视学生如子弟。故教育厅突然一纸命令，免去他的校长职务，这使学生无论是从感情，或是从理智，都是接受不了的。尤其是经亨颐提倡新文化、进行教育改革，既顺乎潮流、又适于师生之要求，经氏之去职，无异于新文化和教育改革在一师的破灭。因而要在一师维护新文化和进行教育改革，非要坚留经亨颐任校长不可。这一点，一师全体师生心中是很明白的。

在五四运动的发展过程中，一师学生之所以表现最突出、斗争性最强、态度最坚决，其原因除校长经亨颐的积极赞助外，还有教师陈望道、学生宣中华等具有初步共产主义思想的知识分子的领导。再者，与一师学生的家庭出身较为贫苦亦不无关系。一师学生大多来自农民、小手工业者、小职员、小教或私塾贫苦教师的家庭，这种小农、小资产者的家庭经济，在帝国主义特别是日本帝国主义的侵略下，处在风雨飘摇之中，朝不保夕。他们的家长节衣缩食把自己的子弟送到这个免交学费和伙食费的学校来求学，无非期望自己的子弟毕业后能获得一名小学教师的职位，以求最低的生活保障，使免受饥冻之虞。然而，在当时，这种最低的生活待遇也不容易求得。这就难怪学生要打破现状，改革现状。此外，在"一师学潮"发生的前十年，在两级师范时期，鲁迅、许寿裳等教师曾开展了一场反对反动校长夏震武的称为"木瓜之役"的斗争，当年这场斗争的参加者之一的夏丏尊，就是"一师学潮"新文化运动中的"四大金刚"之一。"木瓜之役"对"一师学潮"，不可能没有影响。鲁迅曾说"一师学潮"是第二个"木瓜之役"。

在斗争的过程中，一师师生步调一致、相互支持、共同斗争，全国各界与杭州学联所属各校学生的支援，都鼓舞与推动了一师学潮的深入开展并坚持到胜利。

促使一师师生积极投入斗争的因素当然还可以找出一些，但主要因素不外上述这些。

（二）

运动的发展过程，按其性质来说，基本上分为两大阶段。第一阶段，从 5 月到暑假，这个阶段可说是政治斗争与经济斗争交织在一起，既要求废除日帝强加于我国的"二十一条"和其他一切不平等条约、惩办卖国贼，即"外争国权、内惩国贼！"又要提倡国货和抵制日货。第二阶段是暑假之后，运动中心转入提倡新思想、新道德和新文学的新文化运动中去。

由于校长经亨颐和陈望道、夏丏尊、刘大白、李次九等人对新文化的倡导与推动，广大师生在运动中旗帜鲜明、态度坚决。他们高举"民主"与"科学"的大旗，崇拜"德先生"（Democracy）与"赛先生"（Science），他们提倡"劳动神圣"和"社会改造"，反对旧道德和旧思想。他们确实做到了"非孝""废孔"和"共产"。凡此种种，必然引起了反动统治者的恐惧与仇视，于是演出了查办学校、解聘"四大金刚"、开除"浙江新潮社"的学生，免去经亨颐的一师校长职务、解散一师、武装包围一师、用武力强迫学生离校，最后酿成流血惨案等一幕又一幕惊心动魄的戏剧来，到 1920 年 3 月 29 日，达到了这个多幕剧的高潮。在一师师生的英勇斗争和各界的声援下，终于取得最后的胜利。

（三）

从"五四"到"浙一师学潮"胜利结束，在这长达十一个月空前激烈的政治与思想斗争中，一师的师生受到了一次深刻的思想教育和革命实践的考验与锻炼，促使许多人进一步走上革命的道路，从而为中国共产党和社会主义青年团培养了一批早期的党团员和干部。

教师陈望道在日本早稻田大学留学时，已从他的老师马克思主义经济学家河上肇那里接触到马克思主义。在五四运动这场斗争中，他深切地体会到要使中国革命取得胜利，必须要有新的思想武器，这武器便是马克思主义。因此在寒假中，他回到义乌老家清水塘，全文翻译了《共产党宣言》。据一师老校友的回忆，在1920年上半年，《共产党宣言》的石印本或油印本曾在部分学生中流传。同年夏，该书作为社会主义研究小丛书由上海社会主义研究社正式出版。这是我们目前发现的《共产党宣言》在我国最早的全文译本。毛泽东同志曾说："有三本书在我的思想上影响特别大，建立起我对马克思主义的信仰，我一经接受了马克思主义是历史的最正确的解释之后，我便从没有动摇过。一本书是陈望道翻译的《共产党宣言》，这是第一本用中文印行的马克思主义的书。"陈望道本人于4月接受陈独秀的邀请到上海担任《新青年》编辑。

《浙江新潮》的骨干、一师学生俞秀松、施存统、傅彬然和周伯棣等四人，在第三期《浙江新潮》出版之后，于1919年底离开杭州，于1920年1月上旬到达北京，加入了"北京工读互助团"，《浙江新潮》也就停刊了。3月，工读互助团解散，施存统和俞秀松回到上海，俞秀松参加《星期评论》社编辑部工作，经陈望道的介绍，俞认识了新文化运动的著名人物陈独秀——他是在年初被迫由北京南下到上海的。同年5月1日，陈独秀、陈望道、施存统等人在上海澄衷中学举行了有500人参加的我国第一次纪念"五一"的集会。会后，陈独秀、陈望道、俞秀松、施存统、李达、李汉俊和沈玄庐等七人建立了中国第一个"共产党"组织，即中共上海发起组[①]。俞秀松参与起草党纲工作。

1920年6月，新建立的党组织派施存统到日本东京去建立党小组。

中共上海发起组的成员中，以俞秀松的年纪最小，党决定由俞秀松负责筹建社会主义青年团。1920年8月，我国社会主义青年团在上海创建，由俞秀松任书记。一师学生中在上海第一批入团的有华林、谢文锦、郭静塘和叶天底等人。1922年5月，全国十五个地方团组织的代表在广州召开社会主义青年团全国第一次代表大会，会上，施存统被推选为团中央书记兼团中央机关报《先驱》的主编。

教师胡公冕于1921年10月在上海由陈望道、沈玄庐介绍加入中共，次年春，胡公冕和一师学生谢文锦、梁柏台等人经过海参崴抵达黑河，与半年前先期到达的一师学生俞秀松、何景亮（汪寿华）、华林等会合赴莫斯科东方大学学习。

俞秀松在莫斯科出席了第二次国际少共代表会议，回国后，继续参与团的领导工作。他于1922年春来杭州建团（C.Y）。一师学生入团的有宣中华、徐白民、赵炳焕、许志行、汪志清等人，由俞秀松兼书记。

汪寿华于1923年在苏联加入中共，1925年从苏联回国，"五卅"运动爆发后在上海从事工人运动，任中共上海兼江浙区区执委常委并代理上海总工会委员长，是上海工人三次武装起义的领导人之一。1927年3月22日第三次武装起义胜利后，被选为上海特别市临时政府委员和上海总工会委员长。赵炳焕为上海总工会秘书。

宣中华于1923年底由中共上海兼江浙区委书记徐梅坤介绍入党。大革命期间任国民党浙江省党部执委会常务委员兼国民政府浙江省政务委员会委员，又是国民党浙江省党部内中共党团书记。在以他为首的中共浙江

---

① 《党史研究》第一期，1980年出版。

地方党的领导下，对浙江革命的发展起了很大的推动作用。

徐白民（麟书）曾任中共上海兼江浙区委执委会委员，并任党开办的第一个书店——上海书店的经理。

华林于1922年由陈独秀、罗亦农介绍加入中共，曾任中共杭州地委宣传委员、上海执行部长江巡视员等多种党内职务。

叶天底（叶天瑞）曾与张闻天共同创建中共苏州独立支部，任书记，后因病回故乡上虞，又创建中共上虞县支部，任书记。

胡公冕回国后参加军队工作，后任北伐军东路军前敌指挥部政治部主任。许志行在大革命期间由中央委员毛泽东介绍入党，被派往国民党中央党部任机要秘书。

总之，一师师生经过五四运动的锻炼与考验，纷纷走上革命的道路，其人数是相当多的，现在没有确切的材料可资说明，但粗略估计参加中共与社会主义青年团的人数，不下于数十人，至于赞助并投身于革命的左派群众则更多。他们在第一次国内革命战争中，对统一战线的建立，对工农运动和北伐战争的进展，对各地中共组织与国民党左派党部的建立，都起了一定的作用，其中许多人在蒋介石和汪精卫发动的"四一二"和"七一五"反革命政变中光荣牺牲了，成为名垂千古的英烈。

五四运动与"一师学潮"，也教育了一师和杭州的许多进步学生，使他们认识到工农力量的伟大，促使他们开始走上与工农相结合的道路，在一定程度上，推动工农运动的发展。

一师学生在出版《杭州学生联合会会报》（一师学生主编）、《浙江省立第一师范校友会十日刊》和《浙江新潮》的过程中，经常与"浙江印刷公司"的印刷工人接触，彼此由熟悉而结成朋友。被推选为杭州学联理事长的一师学生宣中华常与印刷工人谈天，告诉工人是工人养活资本家，而不是资本家养活工人的道理，宣中华还给工人讲过课，内容是为什么要反对二十一条不平等条约和日本军阀侵略成性的本质。

1920 年创刊的《曲江工潮》，是浙江印刷公司工作互助会出版的工人报刊，是浙江省工人自己办的第一张报纸，他们请一师的学生钱畊莘、魏金枝和陈乐我等为编辑，写文章的也大多是一师的学生。化名慎予、义璋、耿仙、更仙的，实即是严慎予、钱苇南和钱畊莘等一师学生。该报代表工人的利益，揭露了资本家压迫剥削工人的罪恶，号召工人团结起来打倒资本家和资本家的爪牙——工头，以摆脱工人被奴役的地位。

一师学生还帮助印刷工人于 1921 年办了个工余补习学校。钱畊莘、俞大同等都在该校义务任教，宣中华曾去作过演讲。1922 年 10 月，印刷公司工人倪忧天出席莫斯科"远东各国共产党和民族革命团体第一次代表大会"，就是由宣中华邀请倪忧天同去的。宣中华当时是以杭州学联代表的身份去的，倪是以杭州工人协会的名义去的。

1921 年 5 月下旬，杭州千余理发工人因不堪资本家店主的压迫，举行了一星期的罢工。在罢工之前，他们找印刷公司工人帮忙，印刷公司的工人介绍他们去找一师的学生。据魏金枝的回忆，一师的学生化了装，扮成理发工人的模样，参加理发工人的队伍，前往省议会请愿，要求增加工资改善待遇。传单《杭州理发工人全体泣告书》，大约也是一师学生的手笔。这是杭州工人的第一次罢工，这次罢工是取得胜利的。

一师学生也参加了农民运动。1921 年下半年，当时的共产党员沈玄庐叫李之华在肖山衙前创办"农村夜校"，一师学生宣中华、徐白民和唐公宪等都是该校教员。他们一面教书，一面组织农民协会，拟定农会章程和宣言，在 1922 年底，他们领导了肖山衙前乡及附近农民一二千人举行了一次抗捐、抗租的示威活动。肖山农运是我国现代农运史上的先声。

"一师学潮"斗争的胜利，不仅捍卫了新文化运动的胜利成果，而且进一步推动了新文化运动和革命斗争的深入发展。

《浙江新潮》被反动当局查禁之后，一师的学生又办了与《浙江新潮》性质类似的报刊——《钱江评论》，于 1920 年 1 月出版了创刊号。第九期该刊发表了《浙江学生联合会答俄国劳动政府书》，对社会主义国家苏联主动声明废除帝俄强加于中国的一系列不平等条约一事，表示了衷心的感谢。此外，一师和杭州的青年还出版了《进修团团刊》（杭州进步女青年主办）、《浙江第一师范十日刊》《浙江第一师范自治会会刊》《浙江第一中学校学生自治会半月刊》《浙人》《责任》及《曲江工潮》等报刊。他们都是抱着"不怕势力强权、横逆降临"的精神，继续战斗，继续宣传新文化与新思想。

经亨颐在被免去一师校长之职后，拒不接受省视学之职，愤而离开了杭州。他有感于在公立学校办学，完全受制于官僚而不能施展自己的抱负，因而募款在自己的家乡上虞白马湖建立"私立春晖中学"，请了一师的师生夏丏尊、杨贤江、丰子恺、刘质平以及朱光潜、刘薰宇等人为教师，在春晖中学继续贯彻一师的革新精神，把春晖中学办得生气勃勃，造就不少人才。1923 年，经亨颐在两级师范的同事张宗祥任教育厅厅长，请经氏到宁波浙江省立第四中学任校长。经氏就任时，除请了春晖中学的一些教师以外，还请了共产党员华林去当教师，安置失学青年、社会主义青年团员华岗、李宪仲等人在校学习。经氏就任后，继续传播新文化，采取了许多"与时俱进"的进步措施，如允许社会主义青年团在校内开展建团活动，1924 年在全校举行列宁追悼会，等等。因此终于为顽固守旧势力所不容，旧派发起"驱经活动"，进步的青年学生就来个"留经活动"。"驱经"与"留经"的斗争持续了近两年之久，经亨颐终于在 1925 年 10 月离开了省四中。他在四中的时间虽短，但成绩却是显著的，四中约有十分之一的学生加入社会主义青年团；四中成为宁波地区的革命摇篮、新文化运动的发源地。华岗（华少峰）成为四中学生的杰出代表之一。一师、春晖、四中的许多学生，后来都是新文化的播种者。

一师的学生在 1920 年 4 月取得"一师学潮"的胜利后，立即乘胜追击，于同月发起"驱齐运动"。杭州学联理事长宣中华采用了正确而巧妙的策略，联合了杭州各界的大多数，利用反动统治阶级内部的矛盾，终于仅费了两个月的时间，即将反动省长齐耀珊赶出了浙江。

1925 年杭州各界声援上海"五卅惨案"的斗争，是在一师毕业生宣中华为首的共产党和共产主义青年团的领导下进行的。一师及一师后身省一中的广大学生积极地参与了这一斗争。

总之，五四运动和"一师学潮"，教育了一师广大师生，培养了不少革命者，其中一批优秀者参加了共产党和社会主义青年团，他们在杭州、在浙江和全国一些地方，参加了历次的革命斗争，特别是在第一次国内革命战争中，他们发挥了积极的骨干作用，促进了革命事业的发展。

浙一师国文教员为辞职事致学生书

第一师校同学诸君：

这几天诸君的代表，天天来要求我们到校授课，我们已经把不便继续就职的理由，再三地对代表说明了。但恐怕诸君一方面还不能彻底地原谅我们，其余各方面又不免横生枝节，乱起猜疑。所以，不得不再决决绝绝地声明一下。

在声明之先，我们还要先向诸君道歉道谢。

为什么道歉呢？我们不便就职的理由，和诸君毫无关系。所以诸君来挽留我们，我们简直没有正面的理由可说。既没有正面的理由可说，却又因为旁面的理由，决不便满足诸君的要求，实在很觉得对诸君不起，所以不得不对诸君道歉。

为什么道谢呢？并不是说诸君来挽留我们，可以保全我们的位置，所以感谢诸君。我们很明白诸君的挽留，是因为文化运动的缘故。态度既很光明，用意又极诚恳。所以我们也为文化运动的缘故，不得不对诸君道谢。

现在要说我们的理由了。

（一）浙江的教育当局，呈复省长令，查第一师校的公文上说："所聘国文教师，学无本原，一知半解……"① 这几句话，把我们国文教师业务上的信用完全损坏了。业务上的信用既然损坏，怎么还可以到校授课呢？有人说，这是官厅的话，本来无足轻重的，可以不去管他。但是：（1）我们不管他是官厅的话，不是官厅的话，总之是侮辱我们的一个人。无故受了人家的侮辱，难道可以说不去管他吗？（2）就是我们看官厅的话是无足轻重的，一般社会却把官厅的话看得很重。倘然我们再到校授课，他们一定要说我们贪图饭碗，不知羞耻了。那岂不是我们受了官厅的侮辱还嫌不彀，再去招引一般社会的侮辱吗？这是我们决不便再到校授课的一种理由。

（二）我们自从去年秋季开学以后，这半年当中，受外界的攻击非常厉害，那也不必说了。但是，照古人"物必先腐而后虫生"的话，这外界攻击的根源，实在并不从外界起的。所以这半年当中，我们在内部里所受的痛苦，真是一言难尽。那受外界攻击的痛苦，也就从此而来。想来诸君同在校内，绝不是不明了这种情形的。现在好容易得到了脱离这种痛苦的机会，要是再钻进这痛苦窟来，那真是自作孽了。况且当这暂告段落的时候，在诸君方面，固然是贯彻始终，绝无变化。但是，旁的方面，也有主张维持现有地位的，也有主张无代价牺牲的。在这情形复杂的当中，我们要是进校，不是做破坏现状的罪魁，就是做促进牺牲的机械。诸员（君）试替我们一想，就（我）们还可以到校授课吗？这是我们决不便再到校授课的又一种理由。

以上理由说明了，要请诸君彻底地原谅我们，我们并不是对于诸君说"不肯"，也不是对于官厅说"不敢"，实在是有种种的不便。还要忠告诸君一句话，你们第一次宣言上说："我们今儿挽留经校长，并不是'非经不可式'的挽留"；现在我们希望你们的挽留旧教职员，也别作"非旧不

---

① 省略号原文如此。

可式"的挽留。以后只要注重校长问题，别再把旧教职员全体进校的这句话，和官厅争无所谓的意气，让我们也得借此息肩罢。我们从此以后，决和第一师校的职务脱离关系，做一个和诸君永远不断关系的校友，有可以替诸君尽力的地方，还是一样可以尽力。那么我们虽然很觉得对不起诸君，也借此可以自解了。

诸君：你们以后，向着光明的路上努力为新文化运动奋斗，千万别掺一点替个人谋私利的念头在里面。那么，虽然不免暂时的牺牲，毕竟能得最后的胜利。不然，像西南军政府的一面挂起护法的招牌，一面争权夺利，那终究是不免拆穿西洋镜，不值半文钱的。这种教训多着哩。古人说："殷鉴不远"；又说："前事之不忘，后事之师。"诸君记着，这是我们的临别赠言。

陈望道　夏丏尊　刘大白

1920 年 4 月 8 日

第 三 章

白马湖畔：
寸草沐春晖

春晖的使命

夏丏尊

啊！春晖啊！今日又是你的诞辰了！你堕地不过一年零几个月，若照人的成长比拟起来，正是才能匍匐学步的时期，你现在正跨着你的第一步，此后行万里路，都由这一步起始。你第一步的走相，只要不是厌嫉你的人们，都说还不错。但是第一步总究是第一步，怯弱的难免，即在爱你的人，也是不能讳言的。

怯弱倒不要紧，方向却错不得！你须知道，你有你从生带来的使命！你的能否履行你的使命，就是你的运命决定的所在。你的运命，要你自己创造！

你的使命，是你随生带来的，自己总应明了。我们为催促你和为你向大众布告起见，特于今日大声呼说，一面也当作对于你的祝福，但愿你将来是这样：

你是生在乡间的，乡村运动，不是你本地风光的责任吗？别的且不讲，你可晓得你附近有多少不识字的乡民？你须省下别的用途，设法经营国民小学、半日学校等机关，至少先使闻得你钟声的地方，没有一个不识字的人，才是真的。至于你现在着手的农民夜校，比起来那只可说是你的小玩意儿，算不得什么的。

你是一个私立的，不比官立的凡事多窒碍。当现在首都及别省官立学校穷得关门，本省官立中等学校有的为了争竞位置、风潮迭起、丑秽得不可向迩的时候，竖了真正的旗帜，振起纯正的教育，不是你所应该做的事吗？

你生也晚，正当学制改革之时。在新制之下，单纯的初级中学，办理上很是困难的。你现在第一步虽只办初级中学，但总须设法加办高级中学，酌量地方情形，加设文科、理科及农科、师范科等类的职业科。这条血路，你不是应该拼了命杀出的吗？

你已男女同学了，这是本省中等学校的第一声，也是你冒了社会的忌讳敢行的一件好事。你应如何好好地保持这纤弱的萌芽，使它发达？又，现在女子教育，事实上比男子教育待改良研究的地方更多。你在开始的时候，应如何改变方向，求于女子教育有所贡献？

你生在山重水复的白马湖，你的环境，每引起人们的羡慕。但这种环境，一不小心，就会影响你的精神，使你一方面有清洁幽美的长处，一方面染蒙滞昏懒的坏习的！你不应该常自顾着，使没有这种毛病的吗？

你无门无墙，组织是同志集合的。你要做的事情既那样多而且杂，同志集合，实是最要紧的条件。你不该从此多方接引同志，使你的同志结合在质上更纯粹，在量上更丰富吗？于现在有少数的校董、教员以外，再组织维持员等类的事，你不应该开了"无门的门"，尽力地做吗？

你的财产原不能算多，但也算不得没有。你不多不少的财产，也许反容易使你进退维谷。但你须知道，真正的教育事业，根本是靠你同志们的辛苦艰难的牺牲精神，光靠你的财产是没有什么用的。世间没有一个钱的基金，以精神结合遂能在教育上飞跃的学校多着；有了好好的基础，而因精神涣散、奄奄无生气的学校也多着哩！以精神的能力，打破物质上的困难，并非一定是不可能的事，而在你更是非做到这地步不可的。你该怎样地用了坚诚的信念，设法培养这精神，使你自己在这精神之下，发荣滋长？

春晖啊！你于别的学校所有的一切使命外，同时还有着这许多特有的使命。这于你或许要感受若干特有的困难，但绝不是你的不幸。前途很远！此去珍重！啊，啊，春晖啊！

近事杂感

夏丏尊

　　无论如何种类的教育方法，说它有益固然可以，说它有害也可以。严师固然可以出高徒，自由教育也未尝不可收教育上的效果。循循善诱，详尽指导，固然不失为好教育，像宗教家师弟间的一字不说，专用棒喝去促他的自悟，也何尝不对。只要肠胃健全的，什么食物都可使之变为血肉，变为养料，而在垂死的病人，却连参苓都没有用处，他是他，参苓是参苓。人可以牵牛到水边去，但除了牛肚渴要饮水的时候，人无法使牛饮水，强灌下去，牛虽不反抗，实际上在牛也决不受实益。所以替牛掘井造河，预备饮料，无论怎样的周到，在不觉得渴的牛是不会觉到感谢的。"不愤不启，不悱不发"，足见即使我们个个都是孔老先生，对于无自觉的学生也是无法的了！

　　冷暖自知！现在学校教育的空虚，只要有良心的教育者和有良心的学生都应该深深地痛感到。从前学校未兴时，教育虽未普及，师生的关系全是自由。佩服某先生的往往不惮千里，负笈往从。只此一"从"字的精神，已尽足实现教育全体的效果，学生虽未到师门，已有了精进向上之心，教育当然容易收效。学校既兴，师生的关系近于运命的而非自由的。我们为师的人呢，更都是从所谓"教匠制造厂"的师范学校出来，各有一定的形式。在种种的事情上，要使学生做到那"从"字样的心悦诚服的精神是不容易的事情。于是学校教育就空虚了！

不但此也，现在的学校教育在一般家属及学生眼中看来，只是一个过渡的机关，除了商品化的知识及以金钱买得的在校生活的舒服以外，是他们所不甚计较的，学生入校时原并不会带了敦品周行的志向来。特别是中学校的学生，他们本来大半是少爷公子，家庭于他们未入校以前，又大半早已用了父兄地位金钱的力，使他们养成了恶癖。每年只出若干学费要叫学校把他们教好，学校又把这责任归诸教员，于是教员苦了。

"教员"与"教师"，这二名词在我感觉上很有不同。我以为如果教育者只是教员而不是教师，一切问题是无法解决的。教育毕竟是英雄的事业，是大丈夫的事业，够得上"师"的称呼的人才许着手，仆役工匠等同样地位的什么"员"，是难担负这大任的。我们在学生及社会的眼中被认作"员"，可怜！我们如果在自己心里也不能自认为"师"，只以"员"自甘，那不更可怜吗？我们做教员的，应该自己进取修养，使够得上"师"字的称呼。社会及学生虽仍以"员"待遇我们，但我们总要使他们眼里不单有"员"的印象。这是一件非常辛苦艰难的事，也是一件伟大庄严的事！

学问要学生自求，人要学生自做。我们以前种种替学生谋便利的方案，都可以说是强牛饮水的愚举。最要紧的就是促醒学生自觉。学生一日不自觉，什么都是空的。除了我们自己做了"师"的时候，难能使学生自觉。其实，学生只要自觉了以后，什么都可为"师"，也不必再赖我们。"竹解虚心是我师"，在真渴仰"虚心"的人，竹就可以为师。"三人行，必有我师焉，择其善者而从之，其不善者而改之。"随时随地皆师，觉后的境界何等广阔啊！

中国的实用主义

夏丏尊

前天，本校数学教师刘心如先生和我说："有一个学生问我，数学学了有什么用？"我听了他的话，不觉想起了从书上看见过的一个故事来。几何学的老祖宗欧几里德曾聚集了许多青年教授几何，其中有一青年对于几何学也发生学了有什么用的疑问来，去问欧几里德。欧几里德叫人拿两个铜币给他。这青年莫名其妙起来。欧几里德和他说："你不是问'用'吗？铜币是可'用'的，你拿去用吧！"

刘先生在本校所用的数学教科书是美国布利士的混合数学。美国是以重实用出名的国度，哲学上的实用主义，美国很有几个大家，美国的教育全重实用。这重实用的布利士的数学教科书，学了还怕没有用，中国人的实用狂，程度现在美国以上了！

中国民族的重实利由来已久，一切学问、宗教、文学、思想、艺术等等，都以实用实利为根据。

一、学问 中国古来少有独立的学问：历史是明君臣大义的；礼是正人心的；乐是移风易俗的；考据金石之学是用以解经的……哪一件不是政治或圣人之经的奴隶？这就是各种学问的用处！

二、宗教 中国古来宗教的对象是天，"畏天""敬天"等语时见于古典中。可是中国人对于天的敬畏，全是以吉凶祸福为标准的，以为天能授福，能降凶，畏天敬天就是想转凶为吉，避祸得福。这种功利的宗教心，和他民族的绝对归依的宗教心全异其趣。佛教原是无功利的色彩的，一传入中国也蒙上了一层实利的色彩。民众间的求神或为求子，或为免灾。所谓"急来抱佛脚"，都是想"抛砖引玉"，取得较多的报酬。

三、思想 中国无唯理哲学。《易经》总算是论高远的哲理的，但也并不是为理说理，是以为明了理可以致用的。什么吉、什么凶、什么祸福等类的词，充满于全书中。可见《易经》虽说抽象的哲理，其目的所在仍是具体的实用，怪不得到现在流为占卜的工具了。到了孔子，这实用主义越发明白表示了。"未知生，焉知死"，"子不语怪力乱神"，是何等现世的、实利的！孟子以后，这实利主义更加露骨。孟子教梁惠王、齐宣王行仁义，都是以"利"或富国强兵为钓饵的。

和孔孟相较，老子的思想似乎去实用较远，其实内面仍充满着实利的分子。老子表面上虽主张无为，而其目的却在提倡了"无为"去做到"无不为"；在某种意义上，实利的欲望可谓远过于孔孟，观法家思想的出于老子，就可知道老子的精神所在了。

四、文学 "文以载道"的中国当然少有纯粹的文学。我们试看上古的文学内容怎样，不是大多数是讽政治之隆污、颂君后之功德的吗？一部《诗经》中纯粹的抒情诗有几？偶然有几首人情自然流露如男女恋爱的诗，也被注家加上别的解释了。《诗经》以后的诗虽实利的分子较少，但往往被人视为小道，视为雕虫小技，除一二所谓"好学者"外是少有兴味的。戏曲小说也是这样，教做劝善惩恶或移风易俗的奴隶。无论如何龌龊的戏剧和小说，只要用着什么"报"字为名，就都可当官演唱，毫无顾忌。做小说戏曲的人也要用"言之者无罪，闻之者足戒"为标语。因为文人作文是要有益于世道人心的，无益于世道人心的文字在中国是不能存在的！

五、艺术 中国虽是古国，可是艺术很不发达，因为艺术和实用是不相调和的。中国历史上的旧建筑物只有城垒等等，至于普通家屋，到现在还不及世界任何的文明国。佛教传入以后，带了许多的佛教艺术来，造像、塔、寺殿等，到中国后虽无远大进步，仍不失为中国艺术上的重要部分。中国对艺术皆用实利的眼光去看，替艺术品穿上一件实利的衣裳。秦汉以来金石上的吉祥语就是这心情的表现。再看中国画上的题句吧！画牡丹花的，要题什么"玉堂富贵"；画竹子的，要"华封三祝"。水墨龙画是可以避火的，钟馗像是可以避邪的，所以大家都喜欢挂在厅堂里。

中国的实利主义的潮流发源可谓很远，流域也很广泛，滔滔然几乎无孔不入。养子是为防老，娶妻是为生子，读书是为做官，行慈善是为了名声……除用"做什么是为什么"来做公式外，实在说也说不尽！中国对于事情非有利不做，而所谓利，又是眼前的、现世的、个人的利。凡事要用利来引诱才得发生兴趣，所谓"利之所在，人必趋之"。凡事要讲"用"，凡事要问："有什么用？"怪不得现在大家流行所谓"利用"的手段了！

中国人经商向来是名闻全球的。其实，中国人是天生的好商人，即不经商的官僚、兵卒、学者、教师，也都含有商人性质的。

这样传统的实利实用思想，如果不除去若干，中国是没有什么进步可说的！我们生活在地球上，要绝对地不管实用原是不可能的事，但不应只作实用实利的奴隶。世界的文明有许多或是由需要而成的，例如因为要避风雨就发明了房屋，因为要充饥就发明了饮食等。但我们究不应说房屋只要能避风雨就够、饮食只要能充饥就够的。中国人的实用实利主义，实足扑杀一切文明的进化。

又，文明之中，有大部分是发明者先无所为，到了后来却有大用大利的。瓦特用心研究蒸汽力时，何尝想造火车头？居里研究镭，何尝想造夜光表？化学学者在试验室里把试验管用心观察，发明了种种事情，何尝是为了开工场做富翁？发明电气的何尝料到可以驶电车？

人类有创造的冲动，种种文明都可以说是创造冲动的产物。中国人的创造冲动都被浅薄的实利实用主义压灭了！你看，孜孜于实用实利的中国人，有像瓦特、居里那样的文明的创造者发明者吗？旧有的文明有进步吗？火药是中国发明的，在中国不是只做鞭炮吗？罗盘是中国发明的，不是到现在只用来看风水吗？

唯其以实用实利为标准，结果愈无利可得，无用可言。因为对于一切的要求太低，当然不会发生较高的欲望来。例如中国人娶妻的目的在生子，那么就只要有生殖机关的女子就不妨做妻了！社会上实际情形确是如此。你看这要求何等和平客气，真是所谓"所欲不奢"了！

中国人因为几千年抱实利实用主义的缘故，一切都不进化。无纯粹的历史，无纯粹的宗教，无纯粹的艺术，无纯粹的文学，并且竟至于弄到可用的物品都没有了！国民日常所用的物品，有许多都要仰给外人，金钱也流到外人的手里去！

几千年来抱着实利实用主义的中国人啊！你们的"用"在哪里？你们的"利"在哪里？

一年间教育界的回顾和将来的希望

夏丏尊

1923 年快过完了。这一年中，世界的大事，我们所记得起的有空前的日本大地震，有法国人占领德意志土地，有墨西哥革命；在中国，有临城大劫案，有黎元洪退位、曹锟登基、"宪法"公布，有大同教谣言，有数年来连续着的在各省的南北战争，最近还有苏浙风云。我们虽不信"今年是阴历癸亥，照例是个不祥之年"的话，但也不能不说今年是多事之年了！

在这多事的一年中，我国教育界的经过如何？有什么值得我们回顾与记忆的大事？教育原是不能绝对地超然独立与周围毫无关系的东西，国内大势既糟到如此，这一年来，教育界的没有好印象给我们，也许是当然的事。但平心而论，教育界究处着比较先觉的位置，有着比较独立的可能的，教育的良不良，如果一味要诿责于周围的情形如何，未免太自恕了！我们试以此见地为立脚点，把这一年来的教育界的情形来一瞥吧！

固然，"不如意事常八九"，教育界方面偶然有一二出于意表的事，原不好就算特别；只是在这被认为不祥的一年中所留给我们的可痛可羞的事，在质的方面已经特别，而在量的方面也不为少。

最足使人感着苦痛而惊为破天荒的怪事的，要算三月中浙江一师所发生的毒案了；同时受祸的二百数十人，其中十分之一不免于死亡。这件事情虽已经过第一次的法庭判决，但实在带有几分滑稽，不能将真相完全宣示，使人得到完全的了解。不知道其中究有着什么说不出的黑幕！

在这件事过去许久以后，所留给人们的悲惨的印象渐渐地淡漠下去，大家都安于运命中，以为意外的破坏当不致再光顾可怜的教育界了；孰知东南大学的火灾，又在今年将终的历史上添了一件可悼的事！不幸呵，教育界！

自然，这类的事大部分可以说是属于天灾，但人事方面的可叹的事也正不少。

文化中心的国立大学校长蔡子民氏，却于盛倡好政府主义以后不久而转倡不合作主义，依然只有"背着手"。从此北京的教育界又成和政治界对立的状态，而国民优秀分子的学生的血竟溅在国民代表聚会的议院门前。结果，除牺牲了无数青年的无数光阴以外，一无所得。不合作的终于作，无人格的也依然无，这总算得可怜而可羞吧！

大事小事都看一看，中国近世教育史中，到了这一年真是丑象百出了！公立学校方面，每换一个校长总有一篇照例文章：旧的抗不交代，新的由抗争而妥协；出钱私和的也有，亏款潜逃的也有。官厅漠不追究，社会也视若无睹。至于私立学校方面，"当仁不让"卷款出奔的，挂大学招牌诈财的，登广告骗邮票的……虽不是罄竹难书，却也指不胜屈。教育界的人格呵！

学生为不足重轻的事而争打，赶校长，次数虽未必比往年少，这还不是今年开的新纪元。而捣猪窝的运动，倒是政治史和教育史的大好材料。

"太太生日丫头磕头，丫头生日丫头磕头"，总是丫头晦气。千不是万不是，教育的一切罪恶都归到学生身上。新文化运动的教育家们抱着这样的成见，由他们所承受的数千年的中国人的复古思想，就发出了许多复古的主张。教育界的前途在这一年中很显开倒车的倾向了。

其实这页丑史的功劳，学生实在不配享受大勋位的荣典。利用学生的是谁？纯粹教育者所集合的教育会，有哪一个不是因选会长而闹得乌烟瘴气？而我们浙江对于本年的教育联合会，不是因为路途遥远没有人愿吃劳苦，居然官僚式地就近派代表参与吗？这就是教育者的精神了！至于教育行政最高机构的拍卖，也是中外空前的创闻！用这种精神所演成的事实，怎能不在历史上留些可羞的痕迹呢？

除了这种的记载以外，可以引起我们注意的就是些根底不固杂乱开着不会结果的花了。或者相形之下可以算得不拙吧！

最值得注目的就是看似矛盾而实都有提倡必要的两件事，在教育界里出现了：一是科学教育的输入，一是国学整理的鼓动。从表面看来似乎前一件由推士博士率领了许多人，借着公私机关之力，在各地竭力鼓吹宣传了一年，应该有较大的影响，但是它的结果，除了几种测验之外，可说是在教育界里分毫不生效力。或许是科学的种子本来非五年十年不发芽的，现在是已在教育地界里暗暗地下了种子，我们不易看出吧。但在国学整理的方面，自梁启超等鼓动了之后，他的影响到教育界的势力实在不少，我们只要把这一年来的出版物检一检就能明白。我想这两者全是和我们国民脾胃合不合而起的分别。而教育界复古的倾向，从此也表现得更明了。"中学为体，西学为用"的时代或者又要以今年为关键而再现了吧！

前一两年在中国教育界里流行极一时之盛的是设计教学法，今年又把从美国输入的道尔顿制起来代替了。我不敢说道尔顿制本身的价值不及设计教学法，或是在中国的现在的情境下面，前者不如后者的适宜，我却敢断言，一年来道尔顿制的结果总不如设计教学法的大。这也和我们国民的脾胃是大有关系的。数千年来，中国教育的精神本是有许多地方和道尔顿制相合。从旧有教育的精神所培植成功的寄生虫，仍旧满布在国民的脾胃里，现在又遇到同样的饮食料进出，这些寄生虫当然马上要活动起来。这是道尔顿制前途的大障碍，也就是眼前施行道尔顿制者所实感的困难。

还有，大学的勃兴也是近来可注目的一件事。把 Univisity 译做大学，已是不成译了。再在这个不大的 Univisity 前面加了什么师范、什么艺术，这竟成什么话呢？然而这也确是一年来中国几个大教育家大出风头的大运动。

由学制会议在空中放了几响无边际的大炮，确实在教育界里开了不少的方便之门。最作怪的要算混合教授了，由专以营利为目的的几家书坊急切杂乱地编译了许多混而不合的教科书，强学生硬食料理不调、烹煮未熟的东西，怎叫他不生胃病呢？

综计这一年来的教育界，所可勉强称为好的事情，都还是未成形的一点萌芽，算不得什么具象的东西。或者竟只是一种从别家病人那里抄录来的一张药方，不但没有药，即使有了药，合乎所患的病与否也无把握。而所谓坏的处所，却都是赃证确凿，无论你怎样解辩也无法回护的事实。这不能不说是教育界的耻辱了！

这耻辱何时能雪？就现在情形看来，原没什么把握可说。因为二十年来教育状况都没曾使我们满意过。转瞬就是新年，我们姑且循了例来对于教育界提几种希望吧。

一、中国教育的所以不良，是否原于学制，姑不具论。既大吹大擂地改了学制了，希望速将课程审定，学校与学校间衔接规定，新的赶快设立，旧的赶快废除。像现状新旧并存，实令人茫无适从。须知光是"三三制""二四制"等类的空名词，是无济于事的。因为没有药的药方，有了也没有用。

二、希望对于各种教育思潮方案等有确实的信念和实际的试验。杜威来就流行"教育即生活"，孟禄来就流行"学制改革"，推士来就流行"科学教育"，罗素来就自负"国学"和什么。忽而"设计教学"，忽而"道尔顿制"等类的走马灯式的转变，总是猴子种树难望成荫的。

三、日本式的教育固然不好，但须知美国式的教育也未必尽合于中国。参考或者可以，依样葫芦似的盲从却可不必。赶快考案出合于中国的方案和制度来才是！但把"手工"改为什么"工用艺术"，把国语、英文并称"言文科"，是算不了什么大发明的。

四、希望教育者自爱，对于学校风潮有真实的反省，像现在的状况，学潮是难免的。不，如果在现状之下学生不起风潮，反是奇怪的事了。愤激点说，我以为中国教育的生机的有无，全视学生能做有意义的廓清运动——所谓"风潮"与否？学生真能有识别力，真能闹"风潮"，中国教育或者还有希望！可惜现在一般的所谓"学生风潮"，或是被人利用、为人捧场，或是事理不清、一味胡闹，程度还幼稚得很！

五、希望教育者凡事切实，表里一致。离了以办教育为某种事业的手段的恶劣观念，赤裸裸地照了自己的信念做去。教育在某种意味上可以说是英雄的事业，真挚就是英雄的特色。

教育界诸君啊！我为闷气所驱，已把要说的话毫不客气地说了。说错的地方，伏求指正，对不起的地方，伏求原谅。我不幸，也是教育界中的一人，从今以后大家努力吧。再过几日就是 1924 年元旦，恭贺新禧！

夏丏尊先生与《春晖》

宣霞金

春晖中学创建不到一年，校刊《春晖》便诞生了。纵观现存的 37 期，呈现在我们面前的是历史的长长投影和许多先辈的音容笑貌；我们还仿佛感受到了为创办和繁荣《春晖》而勤勉笔耕认真编辑的夏丏尊先生的火热的心。

1921 年，35 岁的夏丏尊回到故乡白马湖，在经亨颐主持下的春晖中学执教。鉴于"近年以来，凡是中等以上的学校，差不多都有出版物"，又由于春晖"僻处山乡，所能与大家通声气者，几乎大半要靠出刊物了"，在夏丏尊、刘薰宇等的努力下，1922 年 10 月 31 日，《春晖》应运而生。

《春晖》为对开小报，半月刊。它大部分是赠阅的，发行范围为省内外中等以上学校及省内各县高小，也有个人订阅的，每期发行一千一百份。《春晖》初创时期，条件十分艰苦。在编辑中，由于学生入学不久，还没有投稿能力，而刊物又不收与本校无关的文字，一切稿件，都是少数的几位教师"于课外忙里偷闲地做成"；在印刷上，春晖附近没有印刷厂，稿件寄到宁波付印，校对也须邮寄，"辗转往返，殊费时日"。

当时，夏丏尊先生任校出版主任，他在授教之余，正翻译着日译本意大利亚米契斯的《爱的教育》，又要不间断地为《春晖》筹稿、编辑、校对，其紧张是可以想见的了。在丰子恺（负责插图）、刘薰宇（撰稿最多）、赵友三（主管发行）的协助下，《春晖》才得以日益发展。

　　但是，夏丏尊先生并不满足于《春晖》的自然发展，在《春晖》刊行15期（现存八期）后的1923年10月，他对《春晖》的形式和内容作了改革，将《春晖》辟为七个专栏："由仰山楼"——教职员工的意见议论；"曲院文艺"——学生投稿者；"他山之有"——来宾的讲演记录及寄稿者；"五夜讲话"——一月三次逢五日晚举行的教职员课外讲话；"白马湖读书录"——教职员和学生的读书札记；"课余"——教职员学生所作的随笔、杂感等；"半月来的本校"——校闻。改革后的《春晖》，既整齐又活泼。经亨颐、夏丏尊、丰子恺、俞平伯、朱光潜、朱自清等，名士风流，略见一斑，真使人耳目一新，获益匪浅。

　　夏丏尊先生不仅是《春晖》最主要的编辑者，而且也是《春晖》极重要的撰稿人。仅《夏丏尊文集·平屋之辑》中即有六篇文章录自《春晖》。从现存的《春晖》看来，夏先生的文章大致可分为这几类：直接表现其教育思想的，如《对于本校改进的一个提议》（合著者，刘薰宇，刊于第三期），《一年间教育界的回顾和将来的希望》（第22期）、《学说思想与阶级》（第28期）；国文教学特别是作文教学经验之谈，如《作文教授上的一个尝试》（第14期）、《初中国语课兼教文言文的商榷》（第19期）、《作文的基本态度》（第24期）、《我在国文教授上最近的一个信念》（第30期），杂感类，如《读书与瞑想》（第3期、11期）、《近事杂感》（第28期）。这些文章，寄托着夏先生对国家、民族和教育前途深深的忧虑，表现了他独具只眼的见解；简单明畅的语言、朴素平实的文风，使人想起先生刚正踏实的一生；动之以情，晓之以理，字里行间洋溢着先生慈祥的笑意，"望之无畏，就而自亲"。

　　夏丏尊先生离开春晖前一段时间，1924年9月，倪文密先生任出版主任，主持《春晖》的编辑工作。同年10月25日，倪先生辞职，朱自清先生接替这一工作。《春晖》在 36 期（1924 年 11 月）后，由于对春晖中学连续发生风潮持有不同态度，夏丏尊、匡互生、周为群、刘薰宇等"决然"辞职离校，而朱自清当时兼职宁波四中，光他一人实在无力承担《春晖》的全部任务，致使它与人们分别达半年之久。1925 年 10 月，冯三昧任出版主任，《春晖》才告复活。第 37 期的《本刊复活小言》说："小小的《春晖》啊！我们的工作都寄托在你身上，拿了好新闻出去，带了好消息回来……祝你重复珍重，与春晖长存！"这表达了春晖师生对刊物的祝愿。

是的，《春晖》是应该与春晖中学共存并进的。在中断了近 40 年的 1985 年 10 月，《春晖》复刊了。今天，正值夏丏尊先生一百周年诞辰来临之际，我们深深地缅怀敬爱的夏丏尊先生，我们将尽最大的努力办好《春晖》，让《春晖》放出更加夺目的光彩。

纪念之外的纪念

张林岚

从我小时候在白马湖春晖中学读《爱的教育》那年起，知道夏丏尊先生的大名已有半个多世纪。其后又有一些事情不断加深这个印象，我自己也到过夏先生的故居，却一次也没有见过面。

先伯父同光先生是个老教师，少夏先生十岁。他们先后在"春晖"教过书，接着又在开明书店共事。因此我也从小就听伯父说起那个"春晖"，那个"开明"，还有夏先生。在我的想象当中，他不但是个忠厚长者，跟他在一起的人，都是像他那样的一些淡泊、质朴的教书先生。1932年我在县立小学卒业，一再要求伯父携带我到"春晖"去读书。次年春初，我终于到了向往已久的白马湖。可惜的是这时夏先生已经离开，前往上海。只是"春晖"还是一个很不错的学校，白马湖更是一个可爱的地方。我们那个山乡小县读书种子本来就极少，那两年因伯父的介绍，舍近就远到春晖去读中学的共有四五十人。

20年代初期夏先生在"春晖"执教时，还兼任宁波省立四中教席。伯父从北京高师毕业不久，受聘于绍兴省立五中。他有个要好的朋友也在四中教书，两人都好酒善饮；常常往来于宁绍之间，过从甚密；与夏先生相识，当是在这个时期。"春晖"校长经亨颐兼任四中校长，因之两年后伯父也到了白马湖。

有了这段因缘，伯父于1930年参加开明书店编辑工作，编译所所长就是夏先生。同年下半年他又回"春晖"，在白马湖待了三年。接下去，还是去了"开明"编译所，又在立达学园教点书。他写了关于语文教学和历史知识的两本小册子之后，接任新设的开明活叶文选部主任，与宋云彬、王伯祥等一同做文选注释工作。活叶文选是"开明"首创的，出版以后大受读者欢迎，那些注释文字又汇集出版了好几个单行本。伯父常说，"春晖""开明"这段时间是他一生中最舒心的日子，以后大部分时间只能说是"忧患余生"。

我在"春晖"的时间不久，我的姐姐松乔读了两年，我只有一年。姐姐与夏先生的两个女儿同学，直到她出阁，也还在回忆同窗共读的往事，保存着吉子、满子的相片。可见她们是很相契的。我呢，原是去读初一的，一则是春季不招生，二则我们乡下的小学文化程度较低，插秋季始业的初一班怕够不上，只得在名为"预科"的附小再读半年。对我来说，这半年的好处是功课不多，除了补习一部分小学的功课之外，新课只多了一门英语。"国定"的语文课本没有多读，夏先生译的《爱的教育》倒是必读的书。——顺便提一下，凡是春晖的学生，几乎都读过这本书。因为"春晖"是十分注重感情教育的，尽管夏先生离开已经多年，"爱的教育"却没有离开过讲坛。常听教师说，夏先生是流着眼泪翻译这本书的。同学敬他的为人，也认认真真听讲。记得当时给我们上课的是一位姓戚的国文教员，上虞人。讲到动情之处，往往哽咽难言。开始时我们觉得有点可笑，顽皮的男生窃窃私语，装鬼脸，后来听出味道来了，课堂里渐渐安静下来，终于变得鸦雀无声。读到书中小主人公安利柯的天真无邪，卡隆的见义勇为，那些小朋友之间纯真的友爱、热烈的同情时，跛脚的洛佩蒂、驼背的耐利、小铁匠、小石匠都成了我们朝夕相处的小伙伴，与他们同喜同悲。

读了《爱的教育》之后，我还读过夏先生的《文章作法》、与叶圣陶合著的《文心》、他编的杂志《一般》，最喜欢的是散文集《平屋杂文》，当然不是全部，我只是拣自己感兴趣的才读。头一篇读的是《猫》。一个十多岁的孩子是无法领略其中看似平淡实际上深沉的中年哀乐之情的，读了两遍，总想再回头去咀嚼咀嚼，好像嚼出一点什么味道来了，又不明其所以然。只是心里觉得悒郁，不能自已。后来我还在读初中一年级时模仿《猫》的伤感调子写过一篇"金银嵌"故事，大得国文老师的称赞，谬承奖掖，还推荐给报纸发表，被收进一本什么全国中学生文选之类的大本头书里。这一次侥幸造成了我对自己的误会，舞文弄墨，以此为生。不是"儒冠误我"，实在是被那只"猫"所误了。

夏先生主张人格教育，影响所及，"春晖"废除了任何形式的体罚和不尊重人格的管理方式。学校里很早就实行学生自治，提倡发展个性，思想自由，男女合校。当时风气未开，男女合校还是被许多人认为危险的。1924 年"春晖"还因为男女合校与否的争论，闹了一场风潮。夏先生和少数教师主"合"，经校长主"分"，意见相左，终至于分道扬镳。我到"春晖"时，男女合校已经多年，而且经校长的爱女也在"春晖"读书。

既然男女合校，男女同学之间自应有正常的交往。女生宿舍在一片竹林子里，名叫西雨楼，很有点"龙吟细细，凤尾森森"的景致。学校规定西雨楼周末之夜对男同学开放，男生可以自由串门做客，但谈话限九时前结束。据我所知，实行"开放"的许多年中，似乎也没有发生过越轨的行为。时间证明夏先生等主张男女合校是合乎时代潮流的。

"春晖"在白马湖中，湖外是山，湖里也是山；山上盛产兰花和杨梅、桃子。休假的日子，同学们总是爬到山上去玩：春天挖兰花，夏日吃果子。平日下课之后，我们最爱的是划船。当我们划着小船飞快地穿出校门口那座铁栏石桥的时候，女同学站在桥上凭栏唱歌，招手相送。桨声、笑语、月影、波光，无一不美；那情景，是难忘的。有时候，我们沿着湖岸慢慢划过去，不断有人上岸去加入散步的队伍，岸上也不断有人跳下船，补充空额。就在校门外不远的山脚下，我们指点着一幢一幢雅致的小楼和朴素的平房，怀念它们的主人：一道长垣围着三四间小平房，是夏先生家的"平屋"；与之毗邻的是丰子恺的"小杨柳屋"，不远处的小楼是弘一法师的"晚晴山房"。此外，还有经亨颐的"长松山房"，刘大白的"白屋"，朱自清的旧宅和纪念"春晖"创办人陈春澜的"春社"……这里是一个许多文化名人寄寓过的地方。

"春晖"的教学大楼是一幢名叫仰山楼的带钟楼的大厦，据说还是夏先生等人的设计。其实，周围并没有高山，要仰望的是人，是"五四"以后到这里来过的几十位前辈先贤们。

抗日战争前后一个长时期，伯父在杭州和浙南教书。抗战胜利不久，又应许寿棠、范寿康之邀，去台湾师院和台湾大学，1946年秋冬才回家侍奉九十岁的祖母。夏先生是这年4月去世的，伯父竟不及一见。我从四川复员回沪，与伯父在上海相值。有一天他曾带我到霞飞坊夏宅去吊唁，问候夏师母。我心仪已久的这位老前辈，终于没有见到面。

回忆夏师执教在春晖

钟子岩

夏丏尊先生是我的恩师，从 1922 年秋到 1946 年他病逝这 20 多年中，我受他的教诲、爱抚与帮助，几乎没有中断过。这是我一生中最大的幸事。回忆起来，可写的东西很不少。这里只将一些他在春晖执教时的往事写出来作个纪念，并表示我对恩师的深切缅怀之情。

一、穿白土布短衫裤的中学教师

1922 年秋季，我考取了春晖中学。春晖校址在白马湖畔，环境幽静，风景秀丽，是个读书的好地方。当时春晖还没有办高中，只招收初一新生。老师有代理校长（因校长经亨颐先生在北京高师任职，未克来校）兼英语教师朱少卿先生、国文教师夏丏尊先生，美术音乐教师丰子恺先生，数学教师刘薰宇先生，史地教师刘叔琴先生，还有一位教生物学和体操的黄先生等（匡互生、朱光潜、朱自清、章育文、赵廷为这几位老师是后来陆续聘请来的）。他们都是饱学之士，全国闻名。因此莘莘学子不远千里，从四面八方慕名而来，甚至有来自四川、贵州等省的。进校以后，首先引起我的注意的是一位身材比较高大、脸色黄中带黑的老师。当时教师都是穿长衫的，在天气还很炎热的学期开始的秋季，不是穿白夏布长衫，就是穿纺绸之类的绸衫，当时春晖几位老师无不如此。唯独这位老师穿的却是白土布短衫裤。这使我感到有些惊奇。后来知道这位老师不是别人，就是此后在学生中最有威望的夏丏尊先生。

先生非常关心学生的成长，平时除观察学生的素质性格外，还做家庭情况的调查，以便有的放矢地进行教育。我入学后不久的一天，他在通向教室的走廊里见到了我，亲切地叫我到他的房间里去。我怀着疑惧的心情到了那里，他就询问我的家庭情况。等我回答完毕，他略略沉思了一会以后，对我说："现在穷人家的子弟进不了学校；有钱人家的子弟不喜欢读书；唯有小资产人家的子弟最有希望。"

先生富于同情心。他所同情的是弱者、穷人。先生对于尼采超人学说是反对的，所以在讲到他的超人哲学时，就向学生宣布："我是同情弱者的。"

春晖同学因多出身于富有之家，衣着是比较讲究的，雨天穿的都是皮鞋（当时市场上还没有橡胶套鞋这种商品）。我没有皮鞋，雨天穿的是母亲自己缝制的"水鞋"（一种涂以桐油，鞋底钉上秋皮钉，雨天穿了不会湿的鞋子）。这种鞋子跟皮鞋比较起来，自然"相形见绌"。我虽穿着，心里是并不高兴的。一个下雨天，他见了我的水鞋，却对它大唱赞歌，说"这鞋子好啊！"

二、一心扑在学校教育事业上

先生担任的是国文教师，但他对学校里的事什么都管。我走过他的寝室门前，常见他被朱、丰、刘几位老师围着，坐在椅上讲话。不消说是在商讨学校大计或教育措施。先生生性率直，心里怎么想，口里就怎么说，从不知虚伪造作，所以有时也难免要得罪人（如有一次我目睹他在向总务主任发脾气），但他绝不是为了自己，也决不计较个人得失，只是怀着一颗火热的心，在为学校的教育事业操劳。他创刊《春晖》半月刊（该刊除由老师撰稿外，也选登学生习作，以鼓励他们练习写作），举办师生讲演会（每周一次，有培养学生演说口才的意图），组织学生课外阅读。另外如购置图书、仪器，他也提建议或出主意，甚至连部分校舍的名称，如"曲院""仰山楼"等，也是他给取的。特别值得一提的是开学后不久他就写了一篇题目叫《我们应把学生培养成怎样的人》的文章，刊登在《春晖》半月刊上，阐明学校培养学生德、智、体全面发展的方针，并且他是切实贯彻执行的。当时有相当多的一部分学生（包括作者本人）不大愿意上体操、运动课，先生就现身说法，教导说："体育运动旨在增强人的体质，使人有充沛的精力从事学习或工作。我过去不爱体育锻炼，以致现在工作有时感到精神不济，不能持久。"我和有些同学偏爱文艺，不想好好学数学，他就教诲我们说："学数学不光是为了 能做几道数学题，而在于它能锻炼人的脑筋，使人思维精密。刘先生（指数学老师刘薰宇先生）思维就比我们精密。"至于品德，他更为注意。因为他是痛恶一切行为不端、作风不正派的人的，对于自己学生的言行，自然更不会轻易放过了。

三、富有魅力的国文课

先生以渊博的学识和丰富的经验，把国文课上得生动活泼，非常成功。当时的教材，是孙俍工和沈仲九两先生合编的初中国文课本，但先生也讲授些语法和文章作法方面的知识。课本所选入的全部是语体文，而先生认为中学生也应养成阅读古书的能力，所以也选印了一些文言教材，如庄子的《逍遥游》、墨子的《兼爱》、司马迁的《项羽本纪》、陶渊明的田园诗，还有《木兰诗》《孔雀东南飞》以及杜甫的《石壕吏》、白居易的《卖炭翁》等等。无论上语体文或文言文，先生是不多讲的，他要学生先看，先讲解，然后由他对讲错的加以纠正；对讲得不清楚或不全面的加以补充说明。有时他向学生提问，有时则要求学生向他提问。他在课堂教学的任务，就是要培养学生独立阅读的能力。末了，他总要结合课文，把世界思想家的思想、学说，如达尔文的《进化论》，卢梭的复返自然说和《民约论》、莫尔的乌托邦思想、尼采的超人哲学、叔本华的悲观哲学以及马克思的剩余价值说等等，言简意赅地介绍给我们。文学方面，他常提及的是托尔斯泰的《安娜·卡列尼娜》、陀思妥耶夫斯基的《罪与罚》和易卜生的《娜拉》等。这些讲述不仅使学生开阔了思想境界，而且富有吸引人的魅力。记得当时我因家境不裕读中学有困难，思想非常苦闷，精神陷于消沉。但是只要听了先生的课，我就感到莫大的安慰，精神也不觉振奋起来了。把语文课上得这样出色而有魅力，至今犹觉得是件了不起的事。

批改作文，是许多语文老师最感头痛的事。但先生却轻松自如。他眼光犀利，对于许多人看了摇头的文章，一眼就能看出其主要毛病所在。文章的大病，在于文不对题或文理不通。对于这种文字，先生着重于"批"（包括总批与眉批），而只对用词不当的地方加以修改。这样，既避免了将批改者自己的意思强加于写作者的错误做法，且使写作者懂得文章毛病之所在，逐步由"不通"转向"通顺"。这比偏重"修改"，当然要高明得多了。后来先生在开明书店出版的《中学生》杂志上创造性地开辟了"文章病院"一栏，为一些从书刊上收集来的有病文章治病，这对提高当年广大青年学生的写作水平，是起了重大的作用的。

四、谦虚与让贤

虽然先生精通日语，学贯中西，但他非常谦虚。他从不"强不知以为知"，对某事物或问题不能确定时，往往直截了当地说"我不知道"，甚至有时询问学生。如有一次，课文中有 inspiration 一词，他一时记不起确切的译语了，他就问我们，有人答以"灵感"，他就微笑着说"对，对！"大概在 1926 年前后，先生曾应何炳松先生之邀，担任过暨南大学中文系主任。而他在春晖教书时期，有一次却对我们说："我是只配教教初中的。教高中就不胜任了。"

1924 年春，朱自清老师应聘来春晖任教。朱先生还未到校，先生就向我们全班宣布："朱自清先生就要来校了。朱先生学问比我好，他来后请他担任你们二年级的课。我仍教初一年级。"后来我们初二的国文课，就由朱先生来担任了。

五、爱憎分明

1923 年春天，先生兴致勃勃地带领我们去杭州旅游。在那风和日丽的日子里，我们游览了西湖风景名胜，乐趣自不消说。游湖结束后的一天早上，我和同学孙立源君跟着先生去一家专印古籍的书肆，买了几本古书。从书肆出来，已是中午时分了。先生并不就回旅馆，却邀我们上一家菜馆去。进店后他对我们说："我上菜馆是很精明的，所点的菜既美味实惠，又经济便宜。"随即叫了三盘菜（什么菜已不记得了，只记得其中的一盘是酱鸭），叫我们和他共进午餐——老师请学生吃饭。吃餐饭本是极平常的事，原不值得多费笔墨；但仔细想想，他跟《爱的教育》译完后就把原著的英、日两种译本分别送给学生王文川君和我这事一样，不是充分显示了先生对幼稚不懂世故的青年学生的深厚的爱吗？

我们住宿的是城站旅馆。一天我们刚吃过晚饭，一位绅士模样的客人来访。这位客人曾在杭州第一师范读过书，与先生有师生之谊，这次是特地来看望老师的。他在客堂间坐下不久，就神气活现地大喊："茶房（即今旅馆服务员）！泡茶来……拿今天的报纸来！"完全是主人命令奴仆的口吻。当服务员完成了任务退去以后，先生怒容满面，对来客严厉训斥道："你干什么啊？这是什么态度？你还是好好去读点书吧！"来客被他骂得满面羞惭，过了一会就怏怏地走了。事后我们了解到：这位来客确是个瞧不起平民百姓的大人物，北大毕业后做过一任县长的。

六、从普陀返航途中

我们到佛教圣地普陀去旅游，大概在 1923 年秋。带队的仍旧是先生。我们到了那里，在寺院住下。除了跟随先生乘船到海上去看伽蓝（菩萨）外，傍晚我们常去海滨看落日或拾贝壳。玩了几天，就乘原船——叫作"黄天木"的夜航船返航了。夜幕垂下以后，我们打开铺盖在船舱里睡了。先生没有就寝，却坐在船头，在微弱的煤油灯下，执着钢笔埋头在写——原来他正在聚精会神地翻译意大利亚米契斯的名著《爱的教育》呵！

由于船不很大，我们七八个同学挤卧在船舱里，第二天早上醒来，我发现自己放在枕边的近视眼镜被打碎了。这眼镜是我在一年前花了十多块钱从杭州配来的，一时要再拿出这样一笔巨款来，实在不大可能；而由于我是高度近视，又非早日重新配置不可。因此我心里闷闷不乐。我们几个人的叽叽咕咕的谈话声，把睡在船头的先生吵醒了。先生起身获悉这件事故后，并不因深夜笔耕带给他的疲劳而显出埋怨的神情，却对我表示深切的同情，号召全船同学捐款相助。后来靠船中同学章志青的帮助，以三块钱的代价给我从上海配来了一副新眼镜。

七、永远离别春晖而去

先生生性淡泊，不慕荣利。他筑平屋三间于湖畔山麓，过着粗饭布衣的简朴生活，悠然自得，颇有在此终老之意。他的散文《长闲》和《白马湖之冬》，就是在这里写成的。他也在这里开译并译完了《爱的教育》。自然，当时是军阀割据混战时期，政治腐败，社会黑暗，先生对现实是不满的。激于义愤，曾有"命苦不如趁早死，家贫无奈做先生"（此对联曾挂在平屋堂前）之叹。先生的本意，并不是为自己而叹息，也并不是不愿意做先生，而只是怨恨自己无力改变黑暗的现实。正直不阿的先生，对于军阀、官僚、政客无不深恶痛绝。但对小人物——年轻的学生却满腔热情，像朋友一样地平等相待，亲切而诚恳，从不摆老师的架子。无怪深受学生之敬仰与爱戴了。

可是好景不长，到了 1924 年底，因跟学校当局意见不合，先生与匡互生、丰子恺、刘薰宇、刘叔琴诸老师一道辞职，在大风雪中离开白马湖，去上海创办了一所新型的学校——立达学园。我班许多同学也随之而去。我因经济关系未能同去，一直读到初中毕业，成为春晖第一届毕业生。毕业后我既无力升学（后承匡师的帮助，始得以免费生的资格进入立达高中）又找不到职业，心里苦闷极了，曾写信给先生诉说。先生接信后，马上来信劝慰，说苏联大文豪高尔基出身贫苦，童年读不起书，曾到处流浪，做过学徒、面包师和码头苦力，要我暂时在家好好读书。后来还多方设法为我介绍工作呢。

一位我所热爱的老师

王传绅

在春晖中学读书时，教师中给我影响最大、印象最深的是夏丏尊老师，夏先生的道德文章，誉满全国，在省一师时，和陈望道先生等，被人们称为"四大金刚"；待人接物，平易近人。在教育方法上，他认真督促学生阅读写作，是严厉的师长；在生活上，关怀学生身心和品德的成长，又像慈爱的父亲。夏先生依山傍湖，修造了二三间小屋，屋前院内空地上种了一些花草，他给此屋题名"平屋"，这是多么朴质幽美和富有诗意的名称。夏先生对我，极为抚爱。我也曾在假日到他家中看望，有时他留我在他那里吃饭，连师母也很关心我，欢迎我常去，有说有笑，和一家人一般。他真像一个慈爱的父亲。怀念过去，我热爱自己的母校，特别热爱这一位敬爱的老师。记得有一次夏老师带领我们全班同学去外地参观旅行，从白马湖出发，先到杭州，经上海去南通、南京。回程中由海途经上海、宁波回到白马湖。时间不算长，所受教育却很深。祖国的美丽河山，名胜古迹，接触很多，增长知识不少。夏先生博学多才，一路指点江山，讲解史实，更加深了我们对文史和地理各方面的了解，收获是巨大的。这次旅行中，从白马湖到杭州这一段路程，当时未通火车，我们雇了一条大船，沿江西上。在这条船上，白天，夏先生盘膝而坐，抓紧时间，翻译意大利亚米契斯名著《爱的教育》，休息时就讲片断内容给我们听，讲得很生动，大家都深受教育。现在夏先生已长逝人间，但对他的怀念，将悠悠不尽。

对授业老师夏丏尊先生的片断回忆

徐伯鋆

20年代初，我在白马湖春晖中学求学，虽然离校已将近60年，但是对教授我们国文的夏丏尊老师的好多事情，至今记忆犹新，一直不能忘却。

以表扬代替训责　学校初创时，张闻天慕先生之名亲带弟弟张健尔从上海家乡浦东来白马湖就业于先生。这位同学有点幼稚，坐在最前排而很好问，每问必弄得哄堂大笑，先生却肃然曰："他好问，是件好事。求学，就是要学要问。我讲你们听是学；你们提问就是问。若是学而不问，只得个一知半解，浅薄无聊……"从此教室里便活跃起来，打破了沉默不发言的空气。

自学、提拔、让贤、胸怀坦荡　先生原是科举制度下自觉地刻苦学习而具有新知识、新思想的人。他为促进学生对国语的理解与写作，认为有讲授国语文法之必要，但那时还没有现成教材，他准备自编，后来见到一本这方面的新书出版，他便采用了。该书中专业词汇很多，他重理解，不求强记，我颇受益，后来连学外文都得这些基本知识的好处。当时正在推行注音字母，一次在国语课上，他对学生说："注音字母将来对语言统一很有用处，你们也要学一学。我还没有学好，小学里的陈××先生学得很不错。"当时这些 15 岁以下的小青年头脑中已有框框，认为我们中学生，让小学老师来教我们未免有辱身份，但终于被先生实事求是地说服了。第二学年下学期，他请来朱自清先生，他介绍说："朱先生年龄比我轻，但学问比我好，上学期我已介绍几篇他写的文章给你们看，不是都觉得很好吗？现在请他教你们这一年级，我仍然教一年级。"先生的胸怀何等坦荡呵！

在民主高潮声中对付逆流　我们这一班中有个同学，凭他的哥哥在浙师与经校长的师生关系，毛遂自荐写信给经校长。信写得很不错，感动了经校长，请夏先生设法安置。免费就学后，要他兼打上下班及起床熄灯铃，算工读生。这位同学起初在同学中凭他能说会道及与经校长的关系，颇吃香，弄得一位姓冯的英文老师专为他夜间补英语课。他原是一家当铺的学徒，"造反"出来在阿哥处学得很多新名词。一次他对我说："你以后不要说作文了，应说作品、创作……"当时我颇佩服。在一次孔子诞辰将到时，他打听到学校并不准备放假，却邀约同学共同向夏先生提出申请。大家看了他拟的申请书写得头头是道，且又可趁机玩一天，都签了字。后来他突然觉得，若以他为首，恐祸及于己，便画了个圈，要我们重新签字，以便头尾相接，不辨首脑。大家照办了，他欣欣然去找夏老师，申述了一大批理由，夏老师心平气和地说："我研究过了，认为没有放假纪念的必要。孔子不愧是位学者，但是世界上学者太多，仅儒家还有孟子、朱熹、王阳明等，即使减为半天或一小时，恐怕要每天放假也不够了。"他犹图挣扎地说："这不是我个人的意思，我不过代表众人之意而已。"夏老师答道："不管个人或众人，要纪念，各自请假一天；学校按平时事假处理，绝不出布告放假。"这位同学只得悻悻而回，对别人说："夏木瓜不答应，我们明天坚决不上课，看对我们怎么样！"夏老师深思了一番，认为有使同学免受蒙蔽与操纵的必要，于是贴出布告，通知晚上自习时间开大会。他在会上解释说："孔子的学说被中国封建帝王抬到异乎寻常的高度，使中国落后不进步。现在帝国主义者也想用这些学说来灭亡和统治中国，五四运动的目的就是要唤醒人民不要上当……今天的事使我感到痛心。你们也太胆怯了，签字还要画个圆圈。现在讲民主，学校决不压服你们，但你们也不能逼迫学校放假。现在重申学校不放假，你们要纪念的，各自请假一天，有什么了不起。"第二天上午，绝大部分同学照常上课，下午那少数同学也上课去了，最后一节课时，那个同学也去了。但他自此之后，威信大丧。不知是他愿望受挫还是旧病复发，老是打钟误点，特别是起床铃误点，弄得早操、盥洗都来不及，学校只得取消了他的职务。但他诡计多端，欺骗自己的父亲说经校长如何看重他，老师怎样热心为他补课，使得他老子指望他光宗耀祖，宁愿家中当当卖卖来培养他。这样约一年多。后来他另生一计，跑到上海混入革命的上海大学，不久就到莫斯科中山大学当大学生。解放后，我听人说他娶了个苏联太太，加入了苏联国籍，获得经济博士头衔，1953—1954年还以苏联专家名义回国窃取中国大量情报，这也是卖国求荣的一个典型！

大胆提倡男女同校 那时全国正式的中学还没有男女同校的，大学也只有北大男女同校。关于男女同校，许多教员持异议，认为中学生血气方刚，没有自制力，会弄出丑事来。先生却认为男女接触多了，认识多了，反不易出事。一个家庭有兄弟姐妹，还同亲戚邻人往来，并不见丑事。人各有尊严，各有洁身自爱之心，不会随便乱来的，只有关闭于闺阁之中的小姐才会一见生情，像莺莺见到张生……他说服了一些教员。在具体行事上，他是小心谨慎的。常训诫一些有流气的学生说："不准你们对女学生说下流话，如我听到，要严加处理；正常的接触是许可的，要像家庭中兄弟姐妹一样。"第一学年开始招女生，但因家长都不放心，只来了几个。在教室中，也不互相谈话。后来由上海来了几个四川女生，才大方点，课前课后活跃了。这在当时许多人还在讲究封建道德的中国，先生的思想是很进步的。

我所见到的夏先生

斯尔鑫

在去年开学的第一天下午，第一时就是国文课，我们与夏先生第一次相见。那时，我见他双手捧了书本，一拱一拱地走上讲台来，脸儿微微笑着，似乎觉得他是一个极平和的人；有时并没有什么可笑的地方，他却也在那里微笑。

他的衣服统是布做的，以灰色布做的尤多。他的马褂有我的长衫一般长，衣服穿得很不整齐，袍子比长衫要长几寸，纽子往往逢奇数扣的，裤脚的长，差不多要把鞋头包牢，与地板相触了。

我每次看见他在马褂上所挂的一只金表和一支康克林自来水笔的时候，我心中便怀疑了："他为何这样？竟办起这样贵价的东西来了！唉，他是一个节俭者啊！"我在脑中时时这样地想着。

他在几十个学生听他讲课的时候，若有一个学生稍有点顽皮的态度，他总要认真教育他，使那个学生自知惭愧。有一天——不知是哪天——在上国文班，天气很炎热，猛烈的阳光，斜射进教室来，那天所讲的是南行杂记，我因被阳光所屈服，人倦得了不得，而那篇南行杂记尤其是我厌听的，所以便伏在案上呼呼地睡熟了。

"斯尔鑫！这样的颓废！上课不注意听讲！"

他的严厉的声浪，冲进了我的耳膜，惊醒了我的好梦，我定一定神，向四围看，只见许多同学们的眼光，统很尖利地注视着我，我那时脸儿像血一般的红了。虽然面红是表明自己的弱点，但他在众人面前如此让我难堪，真使我恨他彻骨了。

但校中去年议决施行"学生自己选择指导者制"时，我却偏偏选他为指导者。

一天晚上，他唤了我们到教员预备室去，在暗淡的黄灯之下，向着我们很诚恳地说：

"今天晚上，我有许多话要同你们说，所以叫你们到这里来；望你们好好听着。我觉得现在你们实在太颓废、大偏重文艺。此后我们要振起精神来，好好地过这半年。我们要互相亲爱，请你们把我作你们的义父吧！请你们到我家里来谈谈天，你们有所不知，或有什么苦痛，都请你们来告诉我。我的人格实不足教你们，我自己觉得很不好，血气很盛，总要怒形于色，但我对你们并无恶意，这也正是爱你们呀！

"你们选择我，一切行为当然由我负责；但你们还要如平日一样，把别位先生的话好好听从，——你们宁可得罪我，切不可得罪别位先生！"

那时我听了这番话，真是感动，感激的泪几乎要涌流出来。那时的情景，至今还很清楚地留在脑中，不曾模糊一点呢！

他真是我们的慈母，我们是他的爱子，我们应好好地做人，别使他淘气，辜负了他的厚望！唉，他的确是我们爱的教员！此后我也不恨他怨他了。唉！夏先生！夏先生！真是爱的教员！我无论如何是再也不会把他忘记的了！！！

夏丏尊与白马湖

叶至善

曹娥江东十余里，有个白马湖，水面不及西湖一半，四面环山，农户三两家，靠山傍水，错落有致，并无楼台亭阁。1921 年，白马湖畔办起了一座春晖中学，请夏丏尊先生去任教。他那时客居杭州，到白马湖边一看，水光照眼，山色宜人，与西湖相比，自有一种野趣，便起了终老是乡的念头。他在湖的西岸，负山面水，造了几间瓦房，自题为"平屋"，把师母子女都接了去。还把许多好友邀请到白马湖，教文学的朱自清、教艺术的丰子恺、教数学的刘薰宇、教哲学的刘叔琴，还有其他几位，大家一边教课一边著作，徜徉山水之间，过着淡泊自在的日子。春晖中学请到了这么多有名望的教员，一时声誉大振，川黔湘各省都有青年不远千里去求学。可惜好景不长，没满五年，学校起了风潮，外来的教员全部辞职，许多学生纷纷离去，竟落得个风流云散的景况。夏丏尊一则为谋生，二则好友都已他往，独身耽在湖畔也无聊，就去上海工作，只偶尔回白马湖平屋，或消夏或过年而已。

夏丏尊原名铸，号勉旃。他离开春晖中学时只 39 岁，那时他对教育已提出过不少革新的意见，自己身体力行已十八年，并写下了不少针砭封建习俗的散文。除了著作，他还从事翻译，把日本近代文学作品介绍到我国，并从日译本转译了不少西欧的文学作品，意大利人亚米契斯的《爱的教育》，就是他那时在白马湖畔翻译的，这部小说译出以后，直到全国解放，风行二十余年，几乎成为中小学生的必读书。夏丏尊的道德学问，当时已经受到教育界文艺界推崇，可是讲学历，他从未得过一张文凭。他自幼在私塾读四书五经，戊戌政变后进过两次学校，都因家贫只念了一两个学期。他向亲友借了五百枚银圆去日本留学，两年后就因费用不继而辍学回国。他的广博的知识几乎都从自学得来。1908年，他22岁，应杭州浙江两级师范学堂之聘，任通译助教，为日籍教员做翻译。第二年，鲁迅也到这个学堂任理科教员，两人过从甚密。是年冬，原任监督（相当于现在的校长）沈钧儒辞职，继任者理学家夏震武主张尊孔复古，鲁迅等25位教员相约罢教反对，夏丏尊也是其中之一。教员的反封建行动受到学生支持，夏震武终于被迫辞职。教员们因夏震武顽固不化，称他为"木瓜"，并将此次风潮称作"木瓜之役"。

辛亥革命结束了清王朝的统治。夏丏尊对"光复"满怀希望，可是跟着就出现了军阀政客争权夺利的局面。他看到政界的黑暗，发誓决不从政做官。1931年，两级师范学堂改为第一师范学校，他自告奋勇兼任舍监。他对学生要求严格，又爱护备至，并鼓励学生从事各种文艺活动。1919年五四运动中，一师成为浙江学生运动的中心，与北京大学遥相呼应。反动当局认为学生如此"嚣张"，实出于教员之纵容与教唆，因而称夏丏尊、陈望道、刘大白、李次九为"四大金刚"。次年，学生施存统（复亮）发表《非孝》，触动了封建礼教的根本。教育当局责成校长经亨颐立即查办"四大金刚"，经亨颐坚决拒绝。教育当局又下令撤换校长，学生群起挽留，当局派军警镇压，终于激起轩然大波。这次学潮得到杭州全域和京沪等地学生的支持，教育当局被迫收回成命。胜利消息传到北京，鲁迅称这次学潮为第二次"木瓜之役"，并说意义之深刻更胜于第一次。过后不久，夏丏尊离开浙江一师，去长沙湖南一师任教，时间亦在到白马湖之前。

1925年，夏丏尊离开白马湖到上海，仍以著书、翻译、当教员为业。后开明书店创办，由他主持编辑工作，从此他把主要精力倾注于出版事业。由他创办的《中学生》杂志，内容切合青年之需，态度恳切，文风质朴，被社会公认为青年的良师益友。他为了对语文教育的实践进行探讨，和朋友们编了好几种中学国文课本，还撰写了许多著作，其中以与叶圣陶合著的《文心》最受欢迎。他一直为青年辛勤工作，可是心情并不舒畅，这是由于他目睹日寇得寸进尺，国民经济濒于崩溃，政府媚外偷安，人民苦不堪言，因此经常发出悲悯的叹息。抗日战争中，他困守上海"孤岛"，生活极为艰苦，身体日益衰弱。1943年底，他因曾被推为中华文艺家协会理事，被日本宪兵司令部逮捕。受审讯时，他拒绝用日语作答。十日后，由日本友人内山完造营救出狱，从此他的健康情况更加恶化。好容易盼到日寇投降，国民党政府又在美国扶持下积极准备内战，人民仍处于水深火热之中。夏丏尊因而悲愤填膺，终于一病不起，于1946年4月23日逝世。当时重庆《新华日报》曾发表社论表示哀悼，赞扬他在日伪的威胁利诱下正气凛然，可称为"贫贱不能移，富贵不能淫，威武不能屈。"

　　如今人们到白马湖，还可以看到夏丏尊当年所建的"平屋"——临水一带粉墙，院内花木扶疏，简陋的瓦房三间。他的墓就在平屋后山坡上。基碑是他的亲家叶圣陶题的篆字，墓碑正面是他的老友马叙伦撰写的铭文。山坡上松风飒飒，春夏之交遍地杜鹃。下瞰湖平似镜，四望群山若卧。倘有心人把白马湖辟为文化公园，这里的湖光山色，将为浙江添一别开生面的游览胜地。

第 四 章

沪上风雷：
奉献与坚守

白马湖之冬

夏丏尊

在我过去四十余年的生涯中，冬的情味尝得最深刻的，要算十年前初移居白马湖的时候了。十年以来，白马湖已成了一个小村落，当我移居的时候，还是一片荒野。春晖中学的新建筑巍然矗立于湖的那一面，湖的这一面的山脚下是小小的几间新平屋，住着我和刘君心如两家。此外两三里内没有人烟。一家人于阴历十一月下旬从热闹的杭州移居这荒凉的山野，宛如投身于极带中。

那里的风，差不多日日有的，呼呼作响，好像虎吼，屋宇虽系新建，构造却极粗率，风从门窗隙缝中来，分外尖削。把门缝窗隙厚厚地用纸糊了，橡缝中却仍有透入，风刮得厉害的时候，天未夜就把大门关上，全家吃毕夜饭即睡入被窝里，静听寒风的怒号，湖水的澎湃。靠山的小后轩，算是我的书斋，在全屋子中风最少的一间，我常把头上的罗宋帽拉得低低地，在洋灯下工作至夜深。松涛如吼，霜月当窗，饥鼠吱吱在承尘上奔窜。我于这种时候深感到萧瑟的诗趣，常独自拨划着炉灰，不肯就睡，把自己拟诸山水画中的人物，作种种幽邈的遐想。

现在白马湖到处都是树木了，当时尚一株树木都未种，月亮与太阳都是整个儿的。从上山起直要照到下山为止。在太阳好的时候，只要不刮风，那真和暖得不像冬天。一家人都坐在庭间曝日，甚至于吃午饭也在屋外，像夏天的晚饭一样。日光晒到哪里，就把椅凳移到哪里，忽然寒风来了，只好逃难似地各自带了椅凳逃入室中，急急把门关上。在平常的日子，风来大概在下午快要傍晚的时候，半夜即息。至于大风寒，那是整日夜狂吼，要二三日才止的。最严寒的几天，泥地看去惨白如水门汀，山色冻得发紫而黯，湖波泛深蓝色。

下雪原是我所不憎厌的，下雪的日子，室内分外明亮，晚上差不多不用燃灯。远山积雪足供半个月的观看，举头即可从窗中望见，可是究竟是南方，每冬下雪不过一二次。我在那里所日常领略的冬的情味，几乎都从风来。白马湖的所以多风，可以说有着地理上的原因，那里环湖都是山，而北首却有一个半里阔的空隙，好似故意张了袋口欢迎风来的样子。白马湖的山水和普通的风景地相差不远，唯有风却与别的地方不同。风的多和大，凡是到过那里的人都知道的。风在冬季的感觉中，自古占着重要的因素，而白马湖的风尤其特别。

现在，一家侨居上海多日了，偶然于夜深人静时听到风声，大家就要提起白马湖来，说"白马湖不知今夜又刮得怎样厉害哩！"

悼一个自杀的中学生

夏丏尊

近有一个朋友从 8 月 5 日的北平《民言报》上剪了这条记事给我们，问我们对于这严重的事实有什么意见可说的没有？

昨日下午五时余，阜成门外笮桥护城河内突然发现男尸一具漂浮于水面。比经该管西郊警察署闻讯，即派夫役打捞上岸，检视该男尸身穿灰黄色茧西服，黑皮鞋，平顶草帽，年约二十余岁。复由其身上搜出名片多张，上印石惠福，住清华园蓝旗营房村一百三十二号等字样。该警署以石惠福必系死者之名，遂即派警传唤其家属。迨至翌日清晨，地方法院派检察官聂秉哲、书记官黄鹤章、检验吏张庚堃，率领司法巡警前来相验时，突有一年老人偕一少妇，手持书信一封，哭泣而来，当即向死者抚尸痛哭。经检察官讯问，其名唤石印秀，年六十二岁，此同来少妇系伊儿媳，死者系伊长子。彼昨日声言赴外四区署投考巡警，乃不期彼投河自杀，本日接其邮寄来函，竟系绝命书一封。伊全家正在惊愕之际，适巡警传唤，始知其在该处投河自尽等语，并持书信呈验，复又抚尸痛哭不已。比经检验吏相验毕，遂准其尸亲备棺装殓抬埋。惟已死者之绝命书中，述其系一中学毕业生，因谋事未遂，其父令伊投考巡警，彼乃愤而自杀，情词极为凄惨。兹觅得录志于左："亲爱仁慈的老父：中学毕了业，上大学念不起书，找一个小事做，挣钱养家，这些话不是你老人家说的吗，现在怎么样呢？虽然毕了业，没有好亲戚援引、阔同乡帮助，就是一名书记也找不到。念书为的做事，挣钱养家，现在不能挣钱，不能养家，这岂不愧死人吗？当巡警也是职业之一，看哪，北平人穷了不是拉洋车，就是当巡警。但是我决不愿意去考巡警。违背父命是不孝，不孝之人，应当排除社会之外，所以我自杀以赎不孝之罪。这封信到了我们家中时候，我已在那碧波荡漾中麻醉了。儿福绝笔。"

在大众没有出路的现今，自杀已成为普通的出路了，全国不知道，上海每日报纸上差不多没有一日无人自杀，而且大概都是青年。社会人士每读了悲惨的遗书和可以令人酸鼻的记事，不曾表示什么，除了没有眼泪的法官写几个"验得某人委系自杀身死遗尸着家属具领棺殓"大字以外，并不闻政府有什么意见。

自来普通青年的自杀，其原因或由于失恋，或由于思想上的烦闷，或由于放逸的结果。自杀尚是可悲的事，他们的自杀在旁人看来，常觉其中多少夹杂着享乐和好奇的分子，因之感动也常不能强烈。石惠福君是因中学毕业无职可就而自杀的，是一个严重的中学生出路问题。石君已矣！继石君而自杀的不但难保没有，而且恐怕一定要有。我们对于这深刻的中学生的苦闷现象将怎样正视啊！

关于中学生的出路，本志曾悬赏征文，在第六号发表过许多答案了。其实，中学生的出路成为问题，是我国特有的现象。现今全世界差不多没有一国不碰到失业的致命的灾难，然其所谓失业者，都是曾经有业过的工人商人，或是大学专门学校的新毕业生，至少也是中等职业学校出身的人。他们都已具有职业的素养而竟无出路，故称为失业。至于无力升学的普通的中学毕业生，虽无职业，亦并不列在失业者之内的。普通中学教育所授的只是一种生活能力的坯材，不是某种生活方面的特殊定形的技能。普通中学的毕业生只是一个身心能力较已发达了的人，并不是有素养的工人商人或其他的职业者。他们能升学的须由此再进求职业的知识，无力升学的也当就性之所近，力所能及，觅得一种事做，从事于实际的职业的陶冶。用比喻来说，既成的职业者和职业方向已决定了的专门大学的毕业生是器物，而中学毕业生尚是造器物的原料，器物因有一定的用途，销路有好有坏，至于原料，用途不如器物的有一定限制，销路应较器物自由。故就一般情形而论，中学生的出路问题，照理不如一般失业问题的紧迫。如果中学生的出路要成问题，那么高小毕业生的出路也要成问题，甚而至于初小毕业生的出路也都要成问题。那就成为全体国民的出路问题，不是中学生的出路问题了。

说虽如此，却不能适用于中国。中国的中学生确有出路问题，而且问题的严重性不下于一般的失业问题。石惠福君的自杀就是证明。石惠福君的自杀人已知道，此外不知道的恐怕还有，将来也许陆续会有这种不幸发生。至于一时虽不自杀，而用了潦倒颓废的手段慢性地在那里自杀的青年，其数更不堪设想哩。

中学生的出路何以在中国成为问题，而且如此严重，其原因当然很多。世界的、国际的及社会的、政治的原因，现在不提，且就中学教育及学生本身加以考察。

先就中学教育说：

中国的教育制度是模仿别国的，可是模仿来的只是一个形式，内容却仍是"之乎者也"（现在改作"的了吗呢"）式的科举式的老斯文。在中国求学叫作读书，不论其学艺术、学医药、学工业，甚至于学体操，都叫作读书。普通的中学无工场，无农场，即使有了农场与工场，也不劳动，只是当作一种教师时间的切卖所而已。除了几张挂图几架简单的理化仪器以外，彻头彻尾是书本（而且只是教科书）的教育。先生拿了书上堂下堂，学生拿了书上班退班。腰间系一条麻绳与小刀，戴起有边的帽子，提着木棍，就是童子军；挂幅中山像，每周月曜向他鞠三个躬，静默三分钟，就是党化教育；各处通路钉几块"大同路""平等路""三民路"的牌子，就是公民教育。十月十日白相一天，每次下课休息十分钟，先生口口声声"诸位同学"，校工口口声声"少爷小姐"，三年毕业，文凭一张，如要升入高中，再这样地来三年。这是普通中学教育的实况。中学校的墙壁上或廊柱上虽明明用了隶书或是魏碑写着"打破封建制度"的标语，其实中学校本身就是封建制度的化身，而且还是封建思想的养成所。试问这成千成万的"诸位同学"和"少爷小姐"走出校门，除了有老米饭可吃，或是有钱升学的，叫他们到哪里去呢？当然是问题了。

　　以上是就中等教育的精神说的。让我们再就了中学校的制度来看：中国在中学制度上曾行过双轨制，一方有纯粹的中学校，一方别有甲种实业学校。自学制改革以后，取消双轨制，于纯粹的中学校中附带各种职业科。可是改革以来，高中于文理二科以外，除了设备不必大花钱的师范科商科等外，不闻附有别种门类的职业科。今则且并正统的文理二科亦许不设，得改为混沌的普通科了。至于初中的职业预施，更无所闻。

　　学校原该使各阶段可以独立。中国的学制从系统图上看去，似乎也可以言之成理，划分自由。可是这张系统表却是一张不能兑现的支票，实际是高小为初中的预备，初中为高中的预备，高中为大学的预备（大学呢，又是出洋的预备）而已。下级各为上级的预备，在下级终止的就做了牺牲，这牺牲以中学一段为最惨酷。因为就时期说，中学时代是青年期与成年期的交点，一遭蹉跎，有关于其终身。就经济状况说，中学生兼有富者、小康者与微寒者三种等级，富者且不提，小康者与微寒者是大都无力升学与出洋的。不及成器，半途而废，结果也是毕生受害。

就实际情形看来，中国的中学校本身已在暴露着空虚与破绽，已在自己中毒的途上了。它一壁无目的地养成了许多封建式的"诸位同学"与"少爷小姐"，一壁除了升学以外不预计及他们的去路。这种教育真值得诅咒。老实说吧，中学校自己已在那里自杀了，中学校毕业生石君的自杀，可以认作中学校自杀的朕兆。

再说学生。

从理论上说来，学生思想行为的如何，能力的优劣，大半该由教育者或学校负责的。这话的确度在实际上也许要打折扣，尤其不能适用于中国。中国的教育界内容既空虚，而且变动极多。我所居的附近有一个中学校，成立不过七八年，在我所知道的中学校中比较要算变动很少的，可是也每年总有大部分的教职员更动。那里一路植有杨柳，我于学期之末，眼见交往初熟的人带着行李走了，总要黯然地记起"年去岁来，应折柔条过千尺"的词句来，同时感到现今教育界的不安定。觉得在这样传舍似的教育界，即使有热心肯对学生负责的教育者，责任也无从负起。一个学生从入学起至毕业止，难得有始终戴一个人为校长，一门功课由一个教师授完的。据一个从济南来的朋友说，山东于最近半个月内更换了三个教育厅长，真是"五日京兆"了。我想教育厅厅长如此，那么校长与教员的变动的剧烈，恐怕要如洗牌时的麻雀牌了吧。

话不觉说得太絮烦了，但我的意思只在借此一端说明中国教育界的不能负教育的责任而已。除了不安定以外，中国的教育界缺点当然还多，这里不备举。在这种不能负责任的教育的环境之下，学生自身如不自己觉醒，真是危险之至。自己教育在教育上原是很重要的事，而在中国的学生更加重要。

第一要紧的是时代与地位的自觉。关于此，我在本志的创刊号曾一度论及。现在学校的环境里，很有许多可以贻害青年的东西，足使青年堕入五里雾中，受其迷醉。现在的学校差不多谈不到身心的锻炼，全体充满着虚伪的空气：明明是初步的学习，却彼此号称"研究"；明明是胡闹，却称曰"浪漫"；饭厅有风潮了，总是厨"役"不好；工人名曰"校役"；什么"诸君是将来的中坚分子"咧，"努力革命事业"咧，"读书可以救国"咧，诸如此类的迷药，尽力地向青年灌注。试问，青年住在这幻想的蜃楼里，一旦走出校门，其幻灭将怎样啊。石惠福君的宁自杀不当巡警，实是千该万该。因为巡警不是"中坚分子"，做巡警不好算"革命事业"，也不好算"救国"的。

中学生在中学校里"研究"了三年或六年，大家都想做所谓"中坚分子"，都想做所谓"革命事业"，都要尽所谓"救国"的天职，于是本已困难万分的中学生的出路更增加其困难性，除了有"好亲戚援引，阔同乡帮助"的幸运儿以外，恐怕只有石惠福君所走的死路一条了。

因为石惠福君的遗书里有关于他父亲的话，我顺便也在这里向做父母的人说几句话。

使子女受教育原是父母的责任。可是现今理想社会还未实现，财产私有制度尚未废除，什么都要钱，教育费为数又大。当你未送子女入中学校以前，你须得摸摸你的荷包看，万一你觉得财力不够使你的子女于中学毕业后更升学，你就须把送子女入中学的事加以踌躇考虑。为你计，为你的子女计，与其虚荣地强思使门楣生色，也许还是不入中学，或不升高中，以高小或初中毕业的资格直接去谋相当的职业为是。

培植子女，在普通的家庭看来是一种商业的投资。"念书为的做事，挣钱养家"，这不单是石惠福君父亲的话，恐怕是一般父母的话吧。这种素朴的投机的心理虽可鄙薄，也大足同情。但现在已不是"万般皆下品，唯有读书高"的时代了，教育的投机事业未必稳定。纵使有大大的本钱，把子女变成了学士或博士，也未必一定能挣钱养家。至于本钱微小的，一不留心，反足使子女半途而废，其害自更甚了。卢梭以为富人之子应受教育，至于穷人之子不必受教育，可由环境去收得教育。故他在《爱弥尔》里所处理的理想的孩子就是一个富者之子。这原是一种偏激之说，但在现代经济制度之下，特别的在现在中国的教育情形之下，是值得一顾的话。中学生毕业后无力升学，穷于出路，这也许大半是父母当时茫茫然使子女入中学之故，做父母的应同负责任。中国的中学校的各阶段不能独立，名为可附带各种职业科，而其实只是空言。在这状态未改正以前，我敢奉劝中流以下的家庭父母勿轻率地送子女入中学校。

以上是我因闻石惠福君之自杀而感到的种种。我和石君未曾相识，不知其家庭如何，境况如何，精神上有无疾病，曾从哪一个中学校毕业，是初中抑或是高中，只是凭了友人所寄来新闻记载，当作一个抽象的中学生问题加以考察而已。话虽已说得不少，在读者眼中也许只是照例的旁观论调，等于我在开端所说的"验得某人委系自杀身死……"的法官口吻，亦未可知。但我自信并不如此。

还有，我所说的只是消极的指摘，别无积极的改进方案。这也许会使读者不满。积极的改进方案原该想的，可是我非其人。教育部，各省教育厅，都设有管领中等教育的官吏，想来都在考案着，请读者拭目以待吧。

"你须知道自己"

夏丏尊

我向有个先写稿后加题目的习惯，此稿成后，想不出好题目，于是就僭越地借用了这句希腊哲人的标语。

中学生诸君，新年恭喜！

说到新年，不禁记起一件故事来了。从前日本有一个很有名的和尚，故意于新年元旦提了骷髅到人家门口去，叫大家煞风景。日本向有元旦在门口筑了土堆插松枝的风俗，叫作"门松"。和尚有一句咏门松的诗道："门松是冥土之旅的一里冢。"一里冢者，日本古代每一里作一土堆如冢，上插木标，以标记里程的。和尚的诗，意思就是说一个人过了一年就离冥土愈近了。

咿呀！新年新岁，理应说利市、讲好话，为什么要提起这样的话来扫大家的兴呢？但是照例地说利市、讲好话，也觉得没有意思。新年相见的套语，如"恭喜"之类，其中并不笼有真实的深意，说"恭喜恭喜"，并不就会有喜可恭的。

我们无论做哪一件事，都要预想到着末的一步，才会认真，才会不苟。做买卖的人所要顾虑的不是赚钱，乃是蚀本。赌博的人所须留意的不是赢了怎样，乃是输了如何。日本的那位和尚在元旦叫人看骷髅，要大家觉悟到死的一大事实，其事虽煞风景，但实也可谓是一种最慈悲的当头棒喝。我根据了这理由，想在这 1930 年的新年，当作贺年的礼物，对诸君说几句看似不快却是真实的话。

依学龄计算，诸君都是十三岁以上二十岁以下的志气旺盛的青年。诸君对于前途，所怀抱的希望不消说是很多的吧。恋爱咧，名誉咧，革命咧，救国咧，诸如此类离本题太远的希望，暂且不提。即仅就了求学而论，诸君的希望应也就不小，由初中而高中、由高中而大学、由大学而出洋、由出洋而成博士等等，似都应列入诸君的好梦之中的。可是抱歉得很，我在这里想对诸君谈说的，却不是怎样由初中入高中、入大学、出洋等的好事，乃是关于不吉方向的事。就是：不能出洋怎样？不能入大学怎样？不能升高中怎样？或甚至于并初中而不能毕业怎样？

就大体说，教育的等级是和财产的等级一致的。财产有富者、中产者与贫困者三个等差，教育也有高等、中等、初等的三个阶段。在别国，这阶段很是露骨，尽有于最初就把贫富分离的学校制度。凡有资力可令子弟受中等以上的教育者，就可不令子弟进普通的国民小学。我国在学校制度上表面虽似平等，其实这财产上的阶段仍很明显地在教育的等差上反映着。不消说，小学校学生之中原有每日用汽车接送的富家儿与衣服楚楚的中产者的子弟的，但全体统计，究以着破鞋拖鼻涕的贫家小孩为多。到了中学，贫困者就无资格入门，因为做中学生每年至少须花二百元的学费，不是中产以下的家庭所能负担。做中学生的不是富家儿，即是中产者的子弟。至于入大学，费用更巨，年须三四百元以上，故做大学生的大概是富家儿，即使偶有中产者的子弟蛰居其间，不是少数的工读生，即是少数的叫父母流泪典质了田地不惜为求学而破家的好学的别致朋友罢了。这样，教育的阶段宛如几面筛子，依了财产的筛孔，把青年大略筛成三等。纵有漏网混杂别等里去的，那真是偶然的侥幸的机会。

　　诸君是中学生，贫困者已于小学毕业时被第一道筛子从诸君的队里筛出了。诸君之中混杂着富者与中产者的子弟，但富者究竟不多，诸君的十分之九以上可说都由中产家庭出来的吧。像诸君样的人，普通叫作中产阶级。中产阶级不致如贫困者的有冻馁之忧，也不致像富者的流于荒佚，在社会全体看来，实是最健全最有用的分子。诸君出自中产家庭，就是未来的社会中坚，诸君的境遇较之贫困者与富者，原不可不说是很幸福的。但是，可惜，这中产阶级的本身已在崩溃中了。

　　中产阶级的崩溃原是世界的现象，不但中国的如此。其原因不得不归诸世界产业革命与资本主义的跋扈。中国中产阶级的崩溃也不自今日始，而以近数年来为尤速。中国原无什么大资本家，也无什么大产业，中国人所受的完全是身不由主的全世界的影响。中国产业落后于人者不知凡几，而生活程度却由外人替我们代为提高，已与别国差不多了。这情形，诸君不必回去问那六七十岁的老祖父，但把诸君幼时所记得的物价与生活费用和目前的一相比较，就已可知其差数之不小了。加以连年的兵祸、匪灾、饥馑、失业，把乡村的元气耗损几尽，随此而起的工价暴腾与农民的不得已的减租，更给了中产阶级以一道快速的催命符。

　　不信，但看事实！诸君的村里富起来的人家多呢还是穷下去的人家多？诸君自己的家况，只要没有什么着香槟票头彩之类的事，还是一年好一年呢还是一年不如一年？诸君求学的用费，今年比之去年如何？诸君向父母请求学费时，父母是否比去年多摇头多叹息？再试每日留心报纸，是不是每日有因失业或困迫而自杀的？他们的大多数，是不是青年？

　　中国的中产阶级已在崩溃的途上，当世流行的一切青年的烦闷与中流家庭间的不宁，实都就是中产阶级在崩溃途上的苦闷的挣扎与呻吟。诸君是中产阶级，中产阶级的崩溃就是诸君的崩溃。诸君之中有的已深深地痛感到没落的不安，正在挣扎与呻吟之中，有的或尚才踏入第一步，只茫然地感到前途渐就黑暗的预觉，程度虽有不同，要之都已是在没落崩溃的途上的人们了。在这变动的期内，诸君的家庭尚能挣扎着令诸君入中学为中学生，不可谓非诸君之幸。不瞒诸君说，在下也是中产阶级出身，而且是一个做过二十年的中等学校教师的人。产是早已没有了，依了自己的劳动，现在总算还着起长衫，在社会上支撑着中流人物的地位，可是对于儿女，却无力令其尽受完全的中等教育。一个是高小毕业就去做商店学徒了，一个是初中未毕业，即令其从事养蜂与园艺了，还有一个现在虽尚在中学校，但能否有力保其毕业或升学，自己也毫无把握。做了二十年中学教师却无力使自己的儿女受中等教育，每想到"裁缝衣破无人补，木匠家里没凳坐"的俗语，自己也不禁要苦笑起来。

话不觉走入岔路去了，一笔表过，言归正传。

世间最难动摇的是事实，事实是不能用了什么理论或方法来把它变更的。中产阶级的崩溃没落既是事实，我们虽然自己不情愿，也就无法否认。所谓崩溃或没落，原是就了全生活说的，若限在受教育的方面说，意思就是：诸君现在虽在中学为中学生，前途难免要碰到种种的障碍。不能入大学，不能入高中，或并初中亦不能毕业，也都是很寻常的可能的遭遇，并非什么意外的大不幸。诸君啊，先请把这话牢记在心里。

诸君读了我这番煞风景的议论，也许会突然感到幻灭，要发生绝望的不安了吧。如果如此，那不是我说话不得其法，就是诸君太天真烂漫太未经世故的缘故。我所说的自以为是一种真实，并没有一句是欺骗或恐吓诸君的话。并且，我对诸君说这一番话，目的原不欲漫然把暗云投入诸君的快活的心胸里，在诸君火热的头上浇冷水；乃是想叫诸君张开了眼，认识眼前的事实，更由这认识发出勇敢的新的努力，去适应目前或将来的环境，能在大时代中游泳而不为大时代的怒涛所淹没。

那么怎样好呢？反正能否毕业能否升学都靠不住，就退学吗？或者赶快去别觅可以吃饭的职业吗？诸君的父母家庭，有的为了贪近利，有的为了真是负担不住了，也许早已盼望诸君如此了吧。家庭环境各个不同，原不好一概而论。若就大体说，诸君还是未成年者，在成年以前，最好能受教育，把青年生活好好地正则地度过去。诸君能在中学为中学生是应感谢的幸福，不是可诅咒的恶事。有书可读且读，但读书的态度却须大大地更改。

第一所希望于诸君者，就是要快把从来的"士"的封建观念先行铲除。中国古来封建时代称读书人为"士"，这士的制度已在几千年以前消灭了，而士的虚名仍历代相沿，直至现在，虚名原已不存了，而士的观念仍盘根错节地潜伏在一般人的心中。诸君的父母令诸君入学的动机，诸君自己求学的态度，乃至学校对于诸君的一切教育方法和设施等等，老实说，有许多地方都还是脱不尽这封建思想的腐气的。一般人误信以为在学校毕业了就可得到一种资格，就可靠文凭吃饭，这种迷信，的的确确是因袭的封建的恶根性。中国近十余年来的变乱，原因当然很复杂，但如果全国没有整千整万的毫无实学实力只手捏文凭的冒充的士，来替人摇旗呐喊，来替人造作是非，局面决不至糟到如此。我常以为中国最要的事情是裁士，而裁兵次之。要化士为工，化士为商，化士为农，化士为兵，除了少数有天分的专事学问的学者外，无一人挂读书人的空招牌，而又无一人不读过书，无一人不随时自己读着书，中国的前途才有希望。

第二所希望于诸君的是养成实力。诸君如果真能把从来以读书为荣的封建观念打破了，就能发现求学的新目标——就是觉悟到为养成实力而求学了。说到现在的学校教育，可指摘的处所实在很多，学校本体，除了到期给诸君以文凭外，能否给诸君以智德体三方面的真实能力，原属一个大大的疑问。如果有人说我这话太轻视了现在的学校与教育者，那么让我来自己招供吧。前面曾说，我是曾做过二十年的中学教师的，自问也不曾撒过滥污，但不敢自信曾有任何实力给予学生过。学校教育的靠不住，原因很多，这里无暇絮说。但无论如何，学校究是为青年而特设的教育机关，从来学校教育的所以力量薄弱，也许由于学生的求学态度的不正。诸君果已自己觉醒，对于学业及生活不再徒讲门面，要求实际，把一切都回向于实力的养成上去，则我可以保证诸君能相当地收得实力的。

了解了以读书为荣的错误，知道了实力的重要，在环境许可的期间，利用诸君的青春去做将来应付新时代的预备。有能力升学出洋固好，即不能升学或毕业，也比较容易以所养成的能力找得相当的职业。中产阶级只管没落，自己能在新兴继起的阶级中做一个立得住站得稳的人，不做新时代的落伍者；这是我所希望于诸君的总归宿。

《圣经》里的先知们，有的警告人说：末日快到了；有的警告人说：天国近了，叫人预备。"山雨欲来风满楼"，中产阶级已岌岌可危了，今后到来的世界从社会全体看来，是天国或是末日，学者之间因了各人的见解，原不一其说。但无论是好是坏，要来的终究要来，所以我们也不得不先有所预备。预备的第一步，就是对于自己所处的地位与时代的觉醒。

中学生诸君啊，记着：我们的地位是中产阶级而时代是 1930 年！

新年之始，乌老鸦似的向诸君唠唠叨叨说了这一大串煞风景的话，抱歉之至！最后当作道歉，让我再来真诚地向诸君祝福吧：

中学生诸君，新年恭喜！

受教育与受教材

夏丏尊

自从我在《中学生》创刊号上写了那篇《你须知道自己》以后，就接到了不少的青年的来信。有的自陈家庭苦况，有的问我中学一毕业后的方针，有的痛诉所入学校的不良，问题非常繁多，欲一一答复，代谋解决，究不可能。没法，只好就诸信中寻出一个比较共同的问题，来写些个人的意见当作总答。

我在创刊号那篇文字里，曾劝中学生诸君破除徒以读书为荣的"士"的封建观念，养成实力。这次所接到的来信中，差不多都提到这实力养成的问题。关于这，我实感到有答复的责任。至于答复得好与不好，且不去管他。

先试就实力二字加以限制。我的谈话的对手是中学生，所谓实力，当然不是什么财力、权力、武力，也并不是学士或博士的专门学力，乃是普通一般的身心上的能力。例如健康力、想象力、判断力、记忆力、思考力、忍耐力、鉴赏力、道德力、读书力、发表力、社交力等就是。

这种能力，虽是很空洞，很抽象，却是人生一切事业的基础。犹如数学公式中的X，诸君学过数学，当然知道X的性质。X本身并无一定价值，却是一切价值的总摄，只要那公式是对的，无论用什么数目代入X中去都会对。上面的各身心能力，本身原不能换饭吃，成学者，或有功于革命，但如果没有这诸能力，究竟吃不成什么饭，成不了什么学者，或有什么贡献于任何革命事业的。

这身心诸能力，原也可从自然环境或职业部分地获得，例如滨海的住民常善泅泳，当兵的自会富于忍耐力。但人为的有组织的养成机关，不得不推学校教育。所谓教育，就是能力给予的设计。学校就是为施行这设计的而特造的人为的环境。

专门以上的学校为欲使学生直接应世，倾向常偏重于专门的知识技术的传授。专门以下的学校所传授的，不是可以直接应世的知识技术，其任务宁偏重于身心诸能力的养成，愈是低级的学校愈如此。所谓课程也者，无非施行教育作用的一种材料而已。专门以上的课程收得了也许就可应世，就可换饭吃，至于专门以下的学校课程，收得了仍是不能应世，换不来饭吃的。不信，让我举例来说：诸君花了不少的学费，费了不少的光阴，好容易了解了几何中西摩松线的定理或代数中的二项式，记得了蒲公英、鲸鱼的属类与性状，假如初中毕业时成绩第一。但试问这西摩松线的定理和二项式的解答和关于蒲公英、鲸鱼的知识，写出来零折地卖给谁去？怕连一个大钱也不值吧。又假定诸君每日清晨在早操班上"一二三四"地操，一日都不缺课，操得非常纯熟，教师奖誉，体育成绩优等。试问这"一二三四"的举动，他日应起世来，能够和卖拳头的江湖朋友一样收得若干铜子吗？以上不过随举数例，其实诸君所学习着的各科无不皆然。

诸君读到这里也许又要感到幻灭了，且慢且慢，西摩松线二项式和蒲公英鲸鱼的知识，虽不能卖钱，但因此而表现的推理力记忆力等等是终身有用的。又，幸而能升学进而求更高深的科学，这些知识当作基础也是有用的。"一二三四"操得好，虽不能变铜子，但由此锻就的好体格和敏捷、忍耐、有规则等的品性，是将来干任何职业都必要的。"功德不虚"，诸君用几分功，究竟有几分益处在，断不至于落空。

由此可知，中等学校教育的课程，只是一种施行教育的材料；从诸君方面说，是借了这些材料去收得发展身心能力的。诸君在中学校里，目的应是受教育，不应是受教材。重视书册，求教师多发讲义，囫囵吞枣似的但知受教材，不知受教育，究是"买椟还珠"的愚笨办法。

诸君读了我上面的话，如果以为是对的，那么希望诸君注意二事。

第一，要自觉地从各科目摄取身心上的诸能力。我上面所说的话，原只是普通教育上的老生常谈，并非什么新说，照理，教师们都该知道了的。他们应该注意到此，应该利用了教材替诸君养成实力，不应留声机器似的，徒把教本上的事项来一页一页地切卖给诸君。但现在的学校实在太乱杂了，一年之中可换三四个校长，前学期姓张的先生来教诸君的地理，后来归姓胡的教，这学期又换了姓王的。在这样杂乱无序的情形之下，说不定诸君的教师之中没有不胜任的分子。又，教育是教师与学生合作的事，教师虽施着正当的教育，学生如果无接受的热心，也不会有好结果，故诸君须有养成身心诸能力的自觉才好。一个代数方程式，同级的人都能解，你如果解不出，这事本身关系原不大。但在一方面说，就是你的记忆力或思考力不及人，不到水平线，这却是大事。冬天早操屡次赶不上，这事本身原不算得什么有碍，但由此而显现着你的这惰性，如果不改革，却是足为你终身之累的，无论你将来干什么。

第二，对各科目要普遍地学习。近来中学生之间，常用因淡薄的实用观念或个人的解好，把学习的科目偏重或鄙弃的事。有的想初中毕业后去考邮局电报局，就专用功英语，有的想成文人，就终日读小说。无论哪一校，数学都被认为最干燥无味，大家对了都要皱眉的科目。体育科，则除了几个选手人员外，差不多无人过问，认为可有可无。图画、音乐等科，也被认为无足轻重的东西。这种倾向由能力养成上看来，真是大大的错误。因了学科的性质，有的须多用些功，有的可少用些功，原是合理的。

又，现制中学的高中已行分科制，学生为了将来所认定的方向，学习要偏重些某方面，也是对的。我所指摘的只是普通一般的中学生的对于学科的偏向，尤其是对于初中部的学生。你想毕业后去考邮局或电报局并不是坏事，但除了英语的知识以外，多带些知识趣味去，就是说，在记忆力忍耐力等以外，多养成些别的能力去，不更好吗？你想成文人也好，但多方面的能力修养，将来不会使你的文人资格更完满吗？

中学原只是普通教育，其中的学科都是些人类文化的大略的纲目，换言之，只是一个常识，在综合地养成身心的能力上看来，不消说是好材料。次之，在有升学希望的人，当作预备知识也自有其意义。至于要想单独地拿了一种去换职业，究竟是毫无把握的。将来情形变更也许不能这样断言，至少在现制度是如此。任你怎样地去偏重，结果所偏重的依然无用，而在别的方面却失去了能力养成的普遍的机会，只是自己的损失而已。

一家商店，常有一种东西是值得买，而其余是不值得买的。例如杭州西湖上的菜馆里，醋熘鱼是好的，而挂炉烤鸭就不好，虽然门口也挂着"挂炉烤鸭"的牌子，我们如果要吃醋熘鱼，就到杭州西湖边上去，如果要吃烤鸭，那么上北京菜馆去，不然就会找错了门路。学校犹如商店，在中学校里所可吸收的是普通的身心能力，不是可以直接应世的教材。如果要买应世实用的教材，那么将来进专门大学去，或是现在就进甲种实业去，急于考邮局电报局的，还是进英文夜校去。

中学校的性质如此，是借了教材给予能力的。诸君在中学校里，试自己问问："我在这里受教育呢？还是在这里受教材？"

关于职业

夏丏尊

暑假快到，诸君之中有许多人将在初中或高中毕业了。有钱的不消说正在预备升学，境况不裕的却不得不就此与学校生活告别，各自分头奔向社会中去找寻出路，谋糊口之所。"去干什么好呢？""有没有可干的事呢？"这两个问题恐早已占领着诸君心的全部了吧。

"去干什么好呢？"这是职业的选择问题。"有没有可干的事呢？"这是职业的有无问题。

关于青年的职业，我们平常所听到的有两种议论，想来诸君也曾听到过。

一派人这样说："职业是神圣的，而且是终身的大事。青年于未就职业以前须考察社会环境，审度自己个性，参酌将来的希望，仔细选择。"

这番议论原不是毫无理由的话，可是按之现今实际，却不免是一种高调。"审度自己个性"，"参酌将来希望"，这种条件在眼前有许多职业可就的人，也许可作参考。现在还是用人尚未公开、私人可以滥用的时代。假如诸君之中有这样的一个幸运儿，父亲居政界要位，叔子是商界首领，母舅是大工厂主，未婚妻家有一个大大的农场，各方面汲引有人，他无论到哪一边去，都不愁跑不进，对于这样的人，第一种高调是值得倾听的。可是在大多数的一般人看来，这番议论只等于空洞的说教，等于一张不能兑现的美丽的支票而已。

又有一派人说："中国困处在帝国主义的资本主义之下，产业落后，国内即有产业，亦被握于帝国主义走狗或资本家之手。无业，失业，都是帝国主义与资本主义的罪恶。我们要有职业，就应该起而革命，赶快打倒帝国主义与资本主义，否则就无法解决职业问题。"这番议论有着事实的根据，当然不能说是不对。可是也是一种高调。革命不是一旦可成就的大事，而且要大多数人都不事生产，以革命为专业，也究不可能。未来是未来，现在是现在，未来的合理的自由社会虽当悬为目标，群策群力地求其实现，现在的生活的十字架却仍无法不负的。

第一派议论偏重于职业的选择，第二派议论偏重于职业的有无，结果都有有方无药的毛病。职业问题的纠纷，实起于这职业的有无与选择两问题的错综。职业的有无原是第一问题，但我们不能说中国人都没有职业。试看种田的在种田，做工的在做工，做店员的在做店员，他们境况虽不甚佳，何尝没有职业？就大体说，职业是有的，可是自诩为士的读过几年书的学生，都不把这种职业放在眼里，他们要选择，愈选择，职业的途径就愈狭小，结果就至走投无路了。

诸君是中学生，除师范部出身的已略受关于小学教师的职业陶冶外，大部分在职业方面尚未有一定的方向。诸君出校门时，社会未曾替诸君留好一定的交椅，为工为农为商都要诸君自己去为，自己去养成。这在诸君是一件困难的事，但也是一件自由的事：困难的是什么职业都外行，要从头学起；自由的是什么职业都可为，并不受一定的限制。犹之婴孩初生，运命未定，前途亦因而无限。

现在让我来平心静气地提出几条可走的方向供诸君参考。据我所见，普通人的职业的来路不外下列几项，诸君所能走的方向当然也不出这几项。一、独立自营，二、从事家业，三、入工商界习业，四、入公私机关做月薪生活。

一、独立自营　如果能够，这是最所希望的，农业也好，商店也好，工业也好，随自己性之所近，于可能范围内以小资本择一经营之。如嫌无专门知识，不妨先作短时间的见习，然后从事。想从事园艺者可先入农场，想从事化学小工艺者可先入化学工厂（此种见习并不以月薪为目的，机会自可较易谋得）。无论国内国外，大实业家大都是由小资本经营发迹的，独往独来地经营一种事业，生杀予夺，权都在我，较之寄人篱下的官吏及事务员，真不知要好若干倍了。

二、从事家业　现在已不是职业世袭的时代，农之子原不必一定为农，工之子原不必一定为工，商之子原不必一定为商，并且时代变迁得很快，祖先传来的家业也许已有不能再维持的。但如果别无职业可就，而家业尚可继续的时候，那么从事家业也未始不是一策。因为是家业的缘故，体质上天然有着遗传的便利，业务上的知识也无须外求，一切工具设备又都是现成的，尽可帮同父兄继续干去。一面再以修得的常识为基础，广求与家业有关的知识，加以改进。如果是农业家，那么去设法图农事的改良，如果是商家，那么去谋销路的扩张。可做的事正多，好好做去，希望很是无穷的。

三、入工商界习业　入工商界习业就是俗语的所谓"学生意"。普通的所谓职业，大都须从"学生意"入门，因为职业上所需要的是熟悉该项职业一切事情的人——即所谓内行人，欲投身于某职业的，当然须从学习入手。入工商界习业须有人介绍与担保，不及前二项的自由，在学习的时候，普通还须受徒弟待遇，但国内真正的工人与商人却都由此产生。普通一店或一厂的领袖人物，最初就是学徒，他们熟悉了该项情形，中途独立自营，自立基业的也很多。

四、入公私机关做月薪生活　这是近代知识分子最普遍的出路，自学校教师，公司银行的职员、工厂的技师，以至官厅的政务人员，都属这一类。到这条路去的人不必自出资本，不必经过学徒生活，但大多数却须有较专门的知识技能。中学毕业生除小学教师外，非有人援引，未必就跑得进。即能勉强挨身进去，也只是书记等类的下级职员而已。

以上四项为一般人可走的职业的方向。"独立自营"与"从事家业"二项，是各走各路，不必你抢我夺，无所谓就职难的。普通的所谓就职难，实在"入工商界习业"与"入公私机关做月薪生活"二项，尤其是"入公私机关做月薪生活"一项。因为入工商界习业，尚是做学徒，收容虽有定额，最初地位较低，竞争不烈，方面也广，只要投身者肯屈就，大概尚不难安排；至于公私机关则为数有限，职员的名额、薪水的总数又有一定，竞争自然厉害了。

诸君出校门后投身职业，该向哪一条路跑，原不能一概论定，一条路有一条路的难处，一个人有一个人的志愿，断难代为抉择。不但别人难以代为抉择，恐诸君自己也无法抉择。在现在的情势之下，一切须看条件：要独立自营，至少家里须有小资本；要从事家业，至少家里先要有老业；要入工商界学业，至少在工商界要有能介绍的亲友；要入机关领月薪，也至少要有人援引；此外各门还要有能相适应的特种品性（好品性或坏品性）。不过就大体说，诸君为生活计，总须走一条路，而且事实也非逼迫诸君去走一条路不可。现世尚谈不到机会平等，只好各人走各人的路，"君乘车，我戴笠"，"君担簦，我跨马"，有的乘车，有的戴笠，有的担簦，有的跨马，从前有此不平，现在仍有此不平，无法讳言。

在现今什么都只好碰去看，尤其是职业。今日在职业界吃饭的人，其职业大概都是碰来的。他们有的在某公司办事，有的在某工厂中为事务员，有的在某衙门里做官吏，有的在某处办农场，但我相信他们当初并不曾有此预期，只是因了偶然的机会，经过几次转变，达到现在的地位而已。

但诸君不可误解，把"碰"解作不劳而获的幸运。要碰，先须有碰的资格，没有资格，即有偶然的机会在你眼前，你也无法将它捉住，至少在无权无势要靠能力换饭吃的大众是如此。某商店须用一个管银钱的店员，你如果是没有金钱信用的人，就无资格去碰了；某机关要请一个书记，你如果是文理不通字迹潦草的，就无资格去碰了；某公司要找一个能担任烦剧事务的职员，你如果是身体怯弱的，就无资格去碰了。身体、品性、知识，都是碰的条件。中学校教育原不是教授职业技能的，但在身体的锻炼、品性的陶冶、知识的修养（这原是普通教育最重要的目的，可惜现在的学校却不一定能够做到）各点上看来，却不能说与职业无关。诸君对于校课如果曾做了正式的学习，不曾马马虎虎地经过，那么即对于以后就职业说，也可以说不曾白花了学费的了。

诸君出校门以后，就利用了在校中锻炼好了的身体，陶冶过的品性，修养来的知识去碰吧。一面还须把身体、品性、知识继续锻炼陶冶修养，以期不失未来的新机会。万一不凑巧一时碰不到职业，请平心反省，是否自己没有碰的资格？倘若自己觉到资格不够，就应该努力补修。如果自问资格无缺，所以碰不到职业完全由于没有机会，也只有再去碰而已。实情如此，有什么别的话可说呢！

阅读什么

夏丏尊

中学生诸君：我在这回播音所担任的是中学国语科的节目。国语科有好几个方面，我想对诸君讲的是些关于阅读方面的话。预备分两次讲，一次讲"阅读什么"，一次讲"怎样阅读"。今天先讲"阅读什么"。

让我在未讲到正文以前，先发一句荒唐的议论。我以为书这东西是有消灭的一天的。书只是供给知识的一种工具，供给知识其实并不一定要靠书。试想，人类的历史不知已有多少年，书的历史比较起来是很短很短的。太古的时代并没有书，可是人类也竟能生活下来，他们的知识原不及近代人，却也不能说全没有知识。足见书不是知识的唯一的来源，要得知识并不一定要靠书的了。古代的事，我们只好凭想象来说，或者有些不可靠，再看现在的情形吧。今天的讲演是用无线电播送给诸君听的，假定听的有一万人，如果我讲得好，有益于诸君，那效力就等于一万个人各读了一册"读书法"或"读书指导"等类的书了。我们现在除无线电话以外还有电影可以利用，历史上的事件、科学上的制造，如果用电影来演出，功效等于读历史书和科学书。假定有这么一天，无线电话和电影发达得很进步普遍，放送的材料有人好好编制，适于各种人的需要，那么书的用处会逐渐消灭，因为这些利器已可代替书了。我们因了想象知道太古时代没有书，将来也可不必有书，书的需要可以说是一种过渡时代的现象。

今天所讲的题目是"阅读什么"，方才这番议论好像有些荒唐，文不对题。其实我的意思只是想借此破除许多读书的错误观念。我也承认书本在今日还是有用的，我们生存在今日，要求知识，最普通、最经济的方法还是读书。可是一向传下来的读书观念，很有许多是错误的。有些人把读书认为高尚的风雅事情，把书本当作玩好品古董品，好像书这东西是与实际生活无关，读书是实际生活以外的消遣工作。有些人把书认为唯一的求学的工具，以为所谓求知识就是读书的别名，书本以外没有知识的来路。这两种观念都是错误的，犯前一种错误的以一般人为多，犯后一种错误的大概是青年人，尤其是日日手捏书本的中学生诸君。

我以为书只是求知识的工具之一，我们为了要生活，要使生活的技能充实，就得求知识。所谓知识，绝不是什么装饰品，只是用来应付生活，改进生活的技能。譬如说，我们因为要在自然界中生存，要知道利用自然界理解自然界的情形，才去学习物理、化学和算学等科目；我们因为要在这世界上做人，才去学习世界情形，修习世界史和世界地理等科目；我们因为要做现在的中国人民，才去学习本国历史、地理、公民等科目。学习的方法可有各式各样，有时须用实验的方法，有时须用观察的方法，有时须用演习的方法，并不一定都依靠书。只因为书是文字写成的，文字是最便利的东西，可把世间一切的事情，一切的道理都记载出来，印成了书，随时随地可以翻看，所以书就成了求知识的重要的工具，值得大众来阅读了。

以上是我对于书的估价，下面就要讲到今天的题目"阅读什么"了。

青年人应该读些什么书？这是一个从古以来的大问题，对于这问题从古就有许多人发表过许多议论，近十年来这问题也着实热闹，有好几位先生替青年开过书目单，其中比较有名的是梁启超先生和胡适之先生所开的单子。诸君之中想必有许多人见过这些单子的。我今天不想再替诸君另开单子，只想大略地告诉诸君几个着手的方向。

我想把读书和生活两件事联成一气、打成一片来说，在我的见解，读书并不是风雅的勾当，是改进生活、丰富生活的手段，书籍并不是茶余酒后的消遣品，乃是培养生活上知识技能的工具。一个人该读些什么书，看些什么书，要依了他自己的生活来决定、来选择。我主张把阅读的范围，分成三个。（一）是关于自己的职务的；（二）是参考用的；（三）是关于趣味或修养的。举例子来说，做内科医生的，第一应该阅读的是关于内科的书籍杂志，这是关于自己职务的阅读，属于第一类。次之是和自己的职务无直接关系、可以作研究上的参考、使自己的专门知识更丰富确切的书，如因疟疾的研究，而注意到蚊子的种类，便去翻某种生物学书；因了疟蚊的分布，便去翻阅某种地理书；因了某种药物的性质，便去查检某种的植物书、矿物书；因了某一词儿的怀疑，便去翻查某种辞典，这是参考的阅读，属于第二类。再次之这位医生除了医生的职务以外，当然还有趣味或修养的生活，在趣味方面他如果是喜欢下围棋的，不妨看看关于围棋的书，如果是喜欢摄影的，不妨看看关于摄影的书，如果是喜欢文艺的，不妨看看诗歌、小说一类的书，在修养方面，他如果是有志于品性的修炼的，自然会去看名人传记或经典格言等类的书，如果是觉得自己身体非锻炼不可的，自然会去看游泳、运动等类的书。这是趣味或修养方面的阅读，属于第三类。第一类关于职务的书是各人不相同的，银行家所该阅读的书和工程师不同，农业家所该阅读的书和音乐家不同。第二类的参考书，是因了专门业务的研究随时连类牵涉到的，也不能划出一定的种数。至于第三类的关于趣味或修养的书，更该让各个人自由分别选定。总而言之，读书和生活应该有密切的关联。

上面我把阅读的范围分为三个：（一）是关于个人职务的；（二）是参考的，（三）关于趣味或修养的。下面我将根据这几个原则对中学生诸君讲"阅读什么"的问题。

先讲关于职务的阅读。诸君的职务是什么呢？诸君是中学生，职务就在学习中学校的各种功课。诸君将来也许会做官吏、做律师、开商店、做教师，各有各的职务吧，现在却都在中学校受着中等教育，把中学校所规定的各种功课，好好学习，就是诸君的职务了。诸君在职务上该阅读的书不是别的，就是学校规定的各种教科书。诸君对于我这番话也许会认为无聊吧，也许有人说，我们每日捧了教科书上课堂、下课堂，本来天天在和教科书做伴侣，何必再要你来嘈杂呢？可是，我说这番话，自信态度是诚恳的。不瞒诸君说，我也曾当过许多年的中学教师，据我所晓得的情形，中学生里面能够好好地阅读教科书的人并不十分多。有些中学生喜欢读小说，随便看杂志，把教科书丢在一边；有些中学生爱读英文或国文，看到理化算学的书就头痛。这显然是一种偏向的坏现象。一般的中学生虽没有这种偏向的情形，也似乎未能充分地利用教科书。教科书专为学习而编，所记载的只是各种学科的大纲，原并不是什么了不得的著作，但对于学习还是有价值的工具。学习一种功课，应该以教科书为基础，再从各方面加以扩充，加以比较、观察、实验、证明等种种切实的功夫，并非胡乱阅读几遍就可了事。举例来说，国语科的读书，通常是用几篇选文编成的，假定一册国文读本共有三十篇文章，你光是把这三十篇文章读过几遍，还是不够，你应该依据了这些文章做种种进一步的学习，如文法上的习惯咧、修辞上的方式咧、断句和分段的式样咧，诸如此类的事项，你都须依据了这些文章来学习，收得扼要的知识才行。仅仅记牢了文章中所记的几个故事或几种议论，不能算学过国语一科的。再举一个例来说，算学教科书里有许多习题，你得一个一个地演习，这些习题，一方面是定理或原则的实际上的应用，一方面是使你对于已经学过的定理或原则更加明了的。例如四则问题有种种花样，龟鹤算咧、时计算咧、父子年岁算咧，你如果只演习了一个个的习题，而不能发现这些习题中的共通的关系或法则，也不好称为已学会了四则。依照这条件来说，阅读教科书并非容易简单的工作了。中学科目有十几门，每门的教科书先该平均地好好阅读，因为学习这些科目是诸君现在的职务。

次之讲到参考书。如果诸君之中有人问我，关于某一科应看些什么参考书？我老实无法回答。我以为参考书的需要因特种的题目而发生，是临时的，不能预先决定。干脆地说，对于第一种职务的书籍阅读得马马虎虎的人，根本没有阅读参考书的必要。要参考，先得有题目，如果心里并无想查究的题目，随便拿一本书来东翻西翻，是毫无意味的傻事，等于在不想查生字的时候去胡乱翻字典。就国语科举例来说，诸君在国语教科书里读到一篇陶潜的《桃花源记》，如果有不曾明白的词儿，得翻辞典，这时辞典（假定是《辞源》）就成了参考书。这篇文章是晋朝人作的，如果诸君觉得和别时代人所写的情味有些两样，要想知道晋代文的情形，就会去翻中国文学史（假定是谢无量编的《中国文学史》），这时文学史就成了诸君的参考书。这篇文章里所写的是一种乌托邦思想，诸君平日因了师友的指教，知道英国有一位名叫马列斯的社会思想家写过一本《理想乡消息》和陶潜所写的性质相近，拿来比较，这时，《理想乡消息》就成了诸君的参考书。这篇文章是属于记叙一类的，诸君如果想明白记叙文的格式，去翻看《记叙文作法》（假定是孙俍工编的），这时《记叙文作法》就成了诸君的参考书。还有，这篇文章的作者叫陶潜，诸君如果想知道他的为人，去翻《晋书·陶潜传》或《陶集》，这时《晋书》或《陶集》就成了诸君的参考书。这许多参考书是因为有了题目才发生的，没有题目，参考无从做起，学校图书室虽藏着许多的书，诸君自己虽买有许多的书，也毫无用处。国语科如此，别的科目也一样。诸君上历史课听教师讲英国的工业革命一课，如果对于这件历史上的事迹发生了兴趣或问题，就自然会请问教师得到许多的参考书，图书馆里藏着的《英国史》，各种经济书类，以及近来杂志上所发表过的和这事有关系的单篇文字，都成了诸君的参考书了。所以，我以为参考书不能预先开单子，只能照了所想参考的题目临时来决定。在到图书馆去寻参考书以前，我们应该先问自己，我所想参考的题目是什么？有了题目，不知道找什么书好，这是可以问教师、问朋友、查书目的，最怕的是连题目都没有。

上面所讲的是关于参考书的话。再其次要讲第三种关于趣味修养的书了。这类的书可以说是和学校功课无关的，不妨全然照了自己的嗜好和需要来选择。一个人的趣味是会变更的，一时喜欢绘画的人，也许不久会喜欢音乐，喜欢文学的人，也许后来会喜欢宗教。至于修养，方面更广，变动的情形更多。在某时候觉得自己身心上的缺点在甲方面，该补充矫正。过了些时，也许会觉得自己身心上的缺点在乙方面，该补充矫正了。这种自然的变更，原不该勉强拘束，最好在某一时期，勿把目标更动。这一星期读陶诗，下一星期读西洋绘画史，趣味就无法涵养了。这一星期读曾国藩家书，下一星期读程、朱语录，修养就难得效果了。所以，我以为这类的书，在同一时期中，种数不必多，选择却要精。选定一二种，须定了时期来好好地读。假定这学期定好了某一种趣味上的书，某一种修养上的书，不妨只管读去，正课以外，有闲暇就读，星期日读，每日功课完毕后读，旅行的时候在车上船上读，逛公园的时候坐在草地上读。如果读到学期完了，还不厌倦，下学期依旧再读，读到厌倦了为止。诸君听了我这番话，也许会骇异吧。我自问不敢欺骗诸君，诸君读这类书，目的不在会考通过，也不在毕业迟早，完全为了自己受用，一种书读一年、读半年，全是诸位的自由，但求有益于自己就是，用不着计较时间的长短。把自己欢喜读的书永久地读，是有意义的。赵普读《论语》，是有名的历史故事；日本有一位文学家名叫坪内道遥的，新近才死，他活了近八十岁，却读了五十多年的莎士比亚剧本。

我的话已完了。现在来一个结束。我以为：书是供给知识的一种工具，读书是改进生活、丰富生活的手段，该读些什么书要依了生活来决定选择。第一该阅读的是关于职务的书，第二是参考书，第三是关于趣味修养的书。中学生先该把教科书好好地阅读，因为中学生的职务就在学习中学校课程。参考书可因了所要参考的题目去决定，最要紧的是发现题目。至于趣味修养的书可自由选择，种数不必多，选择要精，读到厌倦了才更换。

怎样阅读

前天我曾对中学生诸君讲过一次话，题目是"阅读什么"。今天所讲的，可以说是前回的连续题目，是"怎样阅读"。前回讲"阅读什么"，是阅读的种类；今天讲"怎样阅读"，是阅读的方法。

"怎样阅读"和"阅读什么"一样，也是一个老问题，从来已有许多人对于这问题说过种种的话。我今天所讲的也并无前人所没有发表过的新意见、新方法，今天的话是对中学生诸君讲的，我只希望我的话能适合于中学生诸君就是了。

我在前回讲"阅读什么"的时候，曾经把阅读的范围划成三个方面：第一是职务上的书，第二是参考的书，第三是趣味修养的书。中学生的职务在学习中学校的课程，中学校的各科教科书属于第一类，学习功课的时候须有别的书籍作参考，这些参考书属于第二类；在课外选择些合乎自己个人趣味或有关修养的书来阅读，这是第三类。今天讲"怎样阅读"，也仍想依据了这三个方面来说。

先讲第一类关于诸君职务的书，就是教科书。摆在诸君案头的教科书有两种性质可分，一种是有严密的系统的，一种是没有严密的系统的。如算学、理化、地理、历史、植物、动物等科的书，都有一定的章节，一定的前后次序，这是有系统的。如国文读本，如英文读本，就定不出严密的系统，一篇韩愈的《原道》可以收在初中国文第一册，也可以收在高中国文第二册，一篇富兰克林的传记，可以摆在初中英文第三册，也可以摆在高中英文第二册。诸君如果是对于自己所用着的教科书留心的，想来早已知道这情形。这情形并不是偶然的，可以说和学科的性质有关。有严密的系统的是属于一般的所谓科学，像国文、英文之类是专以语言文字为对象的，除文法、修辞教科书外，一般所谓读本、教本，都是用来作模范做练习的工具的东西。所以本身就没有严密的系统了。教科书既然有这两种分别，阅读的方法就也应该有不同的地方。

如果把阅读分开来说，一般科学的教科书应该偏重于阅，语言文字的教科书应该偏重在读。一般科学的教科书虽也用了文字写着，但我们学习的目标并不在文字上，譬如说，我们学地理、学化学，所当注意的是地理、化学书上所记着的事项本身，这些事项除图表外原用文字记着，但我们不必专从文字上记忆揣摩，只要从文字去求得内容就够了。至于语言文字的学科就不同，我们在国文教科书里读到一篇文章——假定是韩愈的《画记》，这时我们不但该知道韩愈这个人，理解这篇《画记》的内容，还该有别的目标，如文章的结构、词句的式样、描写表现的方法等等，都得加以研究。如果读韩愈的《画记》，只知道当时曾有过这样的画，韩愈曾写过这样的一篇文章，那就等于不曾把这篇文章当作国文功课学习过。我们又在英文教科书里读华盛顿砍樱桃树的故事，目的并不在想知道华盛顿为什么砍樱桃树，砍了樱桃树后来怎样，乃是要把这故事当作学习英文的材料，收得英文上种种的法则。所以"阅读"两个字不妨分开来用，一般科学的教科书应懂它的内容，不必从文字上去瞎费力，只要好好地阅就行；像国文、英文两门是语言文字的功课，应在形式上多用力，只阅不够，该好好地读。

不论是阅或是读，对于教科书该毫不放松，因为这是正式功课，是诸君职务上的工作。有疑难，得去翻字典；有问题，得去查书。这就是所谓参考了。参考书是为用功的人预备的，因为要参考先得有参考的项目或问题，这些项目或问题，要阅读认真的人才会从各方面发生。这理由我在前回已经讲过，诸君听过的想尚还能记忆，不多说了。现在让我来说些阅读参考书的时候该注意的事情。

第一，我劝诸君暂时认定参考的范围，不要把自己所要参考的项目或问题抛荒。我们查字典，大概把所要查的字或典故查出了就满足，不会再分心在字典上的。可是如果是字典以外的参考书，一不小心，往往有辗转跑远的事情。举例来说，你读《桃花源记》，为了"乌托邦思想"的一个项目，去把马列斯的《理想乡消息》来做参考书读，是对的，但你得暂时记住，你所要参考的是"乌托邦思想"，不是别的项目。你不要因读了马列斯的这部《理想乡消息》就把心分到很远的地方去。马列斯是主张美术的，是社会思想家，你如果不留意，也许会把所读的《桃花源记》忘掉，在社会思想咧、美术咧等等的念头上打圈子，从甲方面转到乙方面，再从乙方面转到丙方面，结果会弄得头脑杂乱无章。我们和朋友谈话的时候，常有把话头远远地扯开去，忘记方才所谈的是什么的。这和因为看参考书把本来的题目抛荒，情形很相像。懂得谈话方法的人，碰到这种情形常会提醒对手把话说回来，回到所要谈的事情上去。看参考书的时候，也该有同样的注意，和自己所想参考的题目无直接关系的方面，不该去多分心。

第二，是劝诸君乘参考之便，留意一般书籍的性质和内容大略。除了查检字典和翻阅杂志上的单篇文字以外，所谓参考书者，普通都是一部一部的独立的书籍。一部书有一部书的性质、内容和组织式样，你为了参考，既有机会去见到某一部书，乘便把这一部书的情形知道一些，是并不费事的。诸君在中学里有种种规定要做的工作，课外读书的时间很少，有些书在常识上、将来应用上却非知道不可，例如，我们在中学校里不读《二十五史》《十三经》，但《二十五史》《十三经》是怎样的东西，却是该知道的常识。我们不做基督教徒，不必读圣书，但《新约》和《旧约》的大略内容，却是该知道的常识。如果你读历史课，对于"汉武帝扩展疆土"的题目，想知道得详细一点，去翻《史记》或是《汉书》，这时候你大概会先翻目录吧；你翻目录，一定会见到"本纪""列传""表""志"或"书"等等的名目，这就是《史记》或《汉书》的组织构造。你读了里面的《汉武帝本纪》一篇，或全篇里的几段，再把这些目录看过，在你就算是对于《史记》或《汉书》发生过关系，《史记》《汉书》是怎样的书，你可懂得大概了。再举一个例来说，你从植物学或动物学教师口头听到"进化论"的话，你如果想对这题目多知道些详细情形，你可到图书馆去找书来看。假定你找到了一本陈兼善著的《进化论纲要》，你可先阅序文，看这部书是讲什么方面的，再查目录，看里面有些什么项目。你目前所参考的也许只是其中的一节或一章，但这全书的概括知识，于你是很有用处的。你能随时留心，一年之中，可以收得许多书籍的概括的大略知识，久而久之，你就知道哪些书里有些什么东西，要查哪些事项，该去找什么书，翻检起来，非常便利。

以上所说的是关于参考书的话。参考书因参考的题目随时决定，阅读参考书的时候，要顾到自己所参考的题目，勿使题目抛荒，还要把那部书的序文、目录留心一下，记个大略情形，预备将来的翻检便利。

以下应该讲的是趣味修养的书，这类的书，我在上回曾经讲过，种类不必多，选择要精。一种书可以只管读，读到厌倦才止。这类的书，也该尽量地利用参考书。例如：你现在正读着杜甫的诗集，那么有时候你得翻翻杜甫的传记、年谱以及别人诗话中对于杜诗的评语等等的书。你如果正读着王阳明的《传习录》，你得翻翻王阳明的集子、他的传记以及后人关于程、朱、陆、王的论争的著作。把自己正在读着的书做中心，再用别的书来做帮助，这样，才能使你读着的书更明白，更切实有味，不至于犯浅陋的毛病。

上面所讲的是三种书的阅读方法。关于阅读两个字的本身，尚有几点想说说。我方才曾把教科书分为两种性质，一种是属于一般的科学的，有严密的系统；一种是属于语言文字的，没有严密的系统。我又曾说过，属于一般科学的该偏重在阅；属于语言文字的，只阅不够，该偏重在读。现在让我再进一步来说，凡是书都是用语言文字写成的，照普通的情形看来，一部书可以含有两种性质：书本身有着内容，内容上自有系统可寻，性质属于一般科学；书是用语言文字写着的，从形式上去推究，就属于语言文字了。一部《史记》，从其内容说是历史，但是也可以选出一篇来当作国文科教材。诸君所用的算学教科书，当然是属于科学一类的，但就语言文字看，也未始不可为写作上的参考模范。算学书里的文章，朴实正确，秩序非常完整，实是学术文的好模样。这样看来，任何书籍都可有两种说法，如果就内容说，只阅可以了，如果当作语言文字来看，那么非读不可。

这次播音，教育部托我担任的是中学国语科的讲话，我把我的讲话限在阅读方面。我所讲的只是一般的阅读情形，并未曾专就国语一科讲话。诸君听了也许会说我的讲话不合教育部所定的范围条件吧。我得声明，我不承认有许多独立存在的所谓国语科的书籍，书籍之中除了极少数的文法、修辞等类以外，都可以是不属于国语科的。我们能说《论语》《孟子》《庄子》《左传》是国语吗？能说《红楼梦》《水浒》《三国演义》是国语吗？可是如果从形式上着眼，当作语言文字来研究，那就没有一种不是国语科的材料，不但《论语》《孟子》《庄子》《左传》是国语，《红楼梦》《水浒》《三国演义》是国语，诸君的物理教科书、植物教科书也是国语，甚至于张三的卖田契、李四的家信也是国语了。我以为所谓国语科，就是学习语言文字的一种功课；把本来用语言文字写着的东西，当作语言文字来研究、来学习，就是国语科的任务，所以我只讲一般的阅读，不把国语科特别提出。这层要请诸位注意。

把任何的书，从语言文字上着眼去学习研究，这种阅读，可以说是属于国语科的工作。阅读通常可分为两种，一是略读，一是精读。略读的目的在理解，在收得内容；精读的目的在揣摩，在鉴赏。我以为要研究语言文字的法则，该注重于精读。分量不必多，要精细地读，好比临帖，我们临某种帖，目的在笔意相合，写字得它的神气，并不在乎抄录它的文字。假定这部帖里共有一千个字，我们与其每日瞎抄一遍，全体写一千个字，倒不如拣选十个或二十个有变化的有趣味的字，每字好好地临几遍，来得有效。诸君读小说，假定是茅盾的《子夜》，如果当作语言文字的学习的话，所当注意的不但是书里的故事，对于书里面的人物描写、叙事的方法、结构照应以及用词、造句等等该大加注意，诸君读诗歌，假定是徐志摩的诗集，如果当语言文字学习的话，不但该注意诗里的大意，还该留心它的造句、用韵、音节以及表现、着想、对仗、风格等等的方面。语言文字上的变化技巧，其实并不十分多的，只要能留心，在小部分里也大概可以看得出来。假定一部书有五百页，每一页有一千个字，如果第一页你能看得懂，那么我敢保证，你是能把全书看懂的。因为全书所有的语言文字上的法则在第一页一千字里面大概都已出现。举例来说，文法上的法则，像动词的用法、接续词的用法、形容词的用法、助词的用法，以及几种句子的结合法，都已出现在第一页了。我劝诸君能在精读上多用力。

为了时间关系，我的话就将结束。我所讲的话，乱杂疏漏的地方自己觉得很多，请诸君代去求教师替我修正。关于中学国语科的阅读，我几年前曾发表过好些意见，所说的话和这回大有些不同。记得有两篇文章，一篇叫作《关于国文的学习》，载在《中学各科学习法》（《开明青年丛书》之一）里，还有一篇叫《国文科课外应读些什么》，载在《读书的艺术》（《中学生杂志丛刊》之一）里，诸君如未曾看到过的，请自己去看看，或者对于我这回的讲话，可以得到一些补充。我这无聊的讲话，费了诸君许多课外的时间，对不起得很。

"自学"和"自己教育"

夏丏尊

我为了职务的关系，有机会读到各地青年的来信和文稿。这些文字坦白地表示着诸位青年的生活、经验、思想、情感。一位在中等学校里担任职务的教师，他所详细知道的只限于他那个学校里的学生。可是我，对于各地青年都有相当的接触。虽然彼此不曾见过面，不能说出谁高谁矮、谁胖谁瘦，然而我看见了诸位青年的内心，诸位期望着什么，烦愁着什么，我大略有点儿理会。比起学校里的教师来，我所理会的范围宽广得多了。这是我的厚幸。我不能辜负这种厚幸，愿意根据我所理会到的和诸位随便谈谈。

从一部分的来件中间，我知道有不少青年怀着将要失学的忧惧，又有不少青年怀着已经失了学的愤慨。那些文字中间的悒郁的叙述，使人看了只好叹气。开学日子就在面前了，可是应缴的费用全没有着落，父亲或是母亲舍不得"功亏一篑"，青年自己当然更不愿意中途废学。于是在相对愁叹之外，不惜去找寻渺茫难必的希望，牺牲微薄仅存的财物。或者是走了几十里地，张家凑两块钱，李家借三块钱，合成一笔数目。或者是押了田地，当了衣服，情愿付出两三分四五分的高利，以便有面目去见学校里的会计员。在带了这笔可怜款项离开家庭的时候，父亲或是母亲往往说：

"这一学期算是勉强对付过去了，但是下一学期呢！"多么沉痛的话啊！至于连这样勉强对付办法都找不到的人家，青年当然只好就此躲在家里。想找一点事情做做，东碰不成，西碰不就。哪怕小商店的学徒，小工厂的练习生也行。然而小商店正在那里"招盘"，小工厂正在那里"裁员减薪"。于是每吃一餐饭，父亲叹着气，母亲皱着眉，青年自己更是绞肠刮肚似的难过，无论吃的是咸汤白饭，或是窝窝头，都是在吃父亲母亲的血汗呀！像上面所说那样的叙述，我看见的非常之多，文字好一点坏一点没有关系，总之宣露出现在青年的一段苦闷。

是谁使青年受到这样的苦闷呢？笼统地说，自然会指出"不良的社会"来。我们很容易想象一个理想的社会，在这个理想的社会里，受教育是一般人绝对的权利，不用花一个钱，甚至为着生活上必需的消费，公家还得给受教育者津贴一点钱。而现在的社会恰正相反，须要付得出钱才可以享受受教育的权利。那么给它加上一个"不良的"的形容词，的确不算冤枉。但是这样判定之后，苦闷并不能就此解除。理想的社会又不会在今天或是明天无条件地忽然实现。在现在的社会里，要受教育就得付钱，不然学校就将开不起来，这是事实。事实是一垛坚固的墙壁，谁碰上去，谁的额角上准会起一个大疙瘩。这就是说，如果付钱成为问题的话，那么上面所说的苦闷是不可避免的。你去请教无论什么人，总不会给你一个满意的答复，因为无论什么人的一两句话，不能够变更当前的事实。

不过要注意，上面所说的学和受教育乃是指在学校里边学，以受学校教育而言。这只是狭义的学，狭义的受教育。按照广义说起来，学和受教育是"终身以之"的事情，离开了学校还可以学，还可以受教育，而且必须再学，必须再受教育。威尔斯等在《生命之科学》一书里说得好："教育的目标是要使各个人成为善良的变通自在的艺人（因为环境在变迁，所以要变通自在），成为在那一般的规划中自觉能演一角的善良的公民，成为能发挥其全力的气象峥嵘、思虑周到、和蔼可亲的人格者。终其生都要有能受教育的适应性。旧式的那种阴晦的观念，以为人当在青年期之前把一切应该学的东西都学好，而以后只是用其所学，和多数的动物一样，那种观念是在从人的思想中消逝了。"可是我觉得，一班给"失学"两字威胁着而感到苦闷的青年还没有抛开那种阴晦的观念。住在学校里边叫作学，离开学校叫作"失学"，好像离开了学校，一切应该学的东西就无法学好了，其实哪里是这么一回事，所谓"自学"或是"自己教育"，非但是可能的，而且是必须的。即使住在学校里边，也不能只像一只张开着口的布袋，专等教师们把一切应该学的东西一样一样装进来，也必须应用自己的智慧和能力，思索这一样，练习那一样，才可以成为适应环境的"变通自在的艺人"。而思索这一样，练习那一样，就是"自学"或是"自己教育"呀。离开了学校，没有教师的指点，没有种种相当的设备，就方便上说自然差一点，然而有一个"自己"在这里，就是极大的凭借。自己来学！自己来教育自己！只要永久努力，绝不懈怠，一切应该学的东西还是可以学得好好的。这样看起来，如果能把那种阴晦的观念抛开，建立"自学"或是"自己教育"的信念，那么遇到付钱成为问题的时候，固然不免苦闷，但是这绝非顶大的苦闷。本来以为"就此完了"，所以认为顶大的苦闷。而在实际上，只要自己相信并不"就此完了"，那就不会"就此完了"，所以绝非顶大的苦闷。

以上并不是勉强慰藉的话，而是对于学和受教育的一种正当观念。这种观念，无论在校不在校的人都是必需的。不过对于不在校的人尤其有用处，它能给你扫去障在面前的愁云惨雾，引导你走上自强不息的大路。

我知道有人要说：你不看见现在社会的实际情形吗？现在凡是新式的事业机关招收从业员，限定的资格起码要中学毕业生。工厂学徒哩，公司练习生哩，甚至大旅馆中同于仆役的"侍应生"哩，上海地方专以伴人游乐为事的"女向导员"哩，没有中学毕业程度的都够不上去应试。所以读不完中等学校，就等于被摈在从业的希望的门外。一般青年因为将要失学而忧惧，因为已经失了学而愤慨，缘由在此。一般父母宁愿忍受最大的牺牲，而不肯让儿女"功亏一篑"，待要真个无法可想，那就流泪叹气，以为家庭的命运已经临到绝望的悬崖，缘由也在此。

这种实际情形，我也知道得很清楚。按照理想说，岂但新式的事业，最好是无论什么事业，从业员的资格都起码要中学毕业生，这样，事业上的效率一定会比现在大得多。不过到了这样情形的时候，进学校将纯是权利而不担什么义务了。现在进学校多少带一点"投资"的意味，既然担着付钱的义务，总希望将来能有连本带利的丰富的收获。我知道，这样想头不止是多数父母的见解，更有许多青年也在或明或暗地意识着。这并不足以嗤笑，在现在这样的社会里，自然要产生这样的想头。而照大家的眼光看来，要得到丰富的收获，唯有在新式事业中取得一个从业员的位置。同时，唯有新式事业需要有了相当的知识和训练的从业员，其他事业现在还没有这种需要。所以在新式的事业机关招收从业员的章程里，才有"资格——中学毕业生"这一条。所以每逢新式的事业机关招考的时候，前往投考的常常是那么拥挤，出乎主持人的意料之外。

但是有一点可以注意：在招收从业员的章程的资格项下，往往不单写着"中学毕业生"，而再附加着"或有同等程度者"这样的语句。这说明了什么呢？第一，从这上面可以看出现在学校教育并不能和新式事业完全相应。新式事业所需要的是干练适用的从业员，但是根据平时的经验，觉得拿得出毕业文凭来的不一定干练适用，所以宁愿把挑选的范围放宽，在"有同等程度者"中间也来挑选一下。第二，从这上边可以看出有了一张毕业文凭的，其被录取的机会并不特别多。他不但有同样有了一张毕业文凭的和他竞争，并且有"有同等程度者"和他竞争。这当儿，取得必胜之权的凭借不是一张文凭，而是货真价实的知识和训练。在"自学"或是"自己教育"上努力得愈多的人，他的被录取的机会也愈多。

就失学的人说来，这里就闪着一道希望的光。只管沉溺在苦闷之中，那唯有一直颓唐下去，结果把自己毁了完事。不如振作起来，在"自学"或是"自己教育"上努力。直到真个"有同等程度"的时候，直到真个有货真价实的知识和训练的时候，其并没有被摈在从业的希望的门外，不是和有了一张毕业文凭的人一样吗？

除了新式事业以外，还有许多的事业，如耕种，如贩卖，如小工艺的制作，细说起来，门类也就不少。这些事业，如果真没有办法参加进去做，我也说不出什么话。我不能从事实上没有办法之中说出办法来。但是，如果有一点办法可以参加进去的话，我以为这些事业都不妨做。在一些教训青年的书里，说到"择业"的时候往往有一套理论。事业要应合自己的兴趣哩，事业要发展自己的专长哩，还有其他的项目。其实这些都是好听的空话。一个人择业定要按照这许多项目，结果只好一辈子无业可做。事实上唯有碰到什么就做什么，只要那种事业不是害人的，例如当汉奸卖国，贩运毒品毒害人家。在碰到了一种事业的时候，你就专心一志去做，你能够抱着"自学"或是"自己教育"的信念，即使没兴趣的也会寻出兴趣来，即使不专长的也会练出专长来。同时你不必以此自限，这就是说，在你那事业所需要的知识和训练之外，更可以做其他的研修。这并不是游心外骛的意思。专力本业是当前献身的正轨，而别作研修是自己长育的良法，二者兼顾，一个人才会终身处在发展的程度之中。一朝研修有了相当的成就，而恰又碰到了另外一种事业可以应用这种成就的，你自然不妨放弃了从前的事业去做另外的事业。那时候你还是专心一志地做，和做从前的事业一样。请想想，如果所有从业的青年都像这样子，社会上的各种事业不将大大地改换面目，显出突飞猛进的气象吗？其时任何事业都像新式事业那样有着光明的前途，就从业员的收获说，也不至于会怎样不丰富。

以上的话，我以为不但对于给"失学"两字威胁着的青年有些用处，就是在校的或是从业的青年也可以从这里得到少许启示。诸位要相信，事实虽然是一垛坚固的墙壁，但在不超越事实的情形之下，觅取进展的途径，其权柄大部分还操在诸君自己的手里。能够"自学"或是"自己教育"的，在他前面等候着的往往不是苦闷而是成功！

弘一法师之出家

夏丏尊

　　今年旧历九月二十日，是弘一法师满 60 岁诞辰。佛学书局因为我是他的老友，嘱写些文字以为纪念，我就把他出家的经过加以追叙。他是39 岁那年夏间披剃的，到现在已整整做了 21 年的僧侣生涯。我这里所述的，也都是 21 年前的旧事。

　　说起来也许会教大家不相信，弘一法师的出家可以说和我有关，没有我，也许不至于出家。关于这层，弘一法师自己也承认。有一次，记得是他出家二三年后的事，他要到新城掩关去了，杭州知友们在银洞巷虎跑寺下院替他饯行，有白衣，有僧人。斋后，他在座间指了我向大家道：

　　"我的出家，大半由于这位夏居士的助缘。此恩永不能忘！"

　　我听了不禁面红耳赤，惭悚无以自容。因为一、我当时自己尚无信仰，以为出家是不幸的事情，至少是受苦的事情。弘一法师出家以后即修种种苦行，我见了常不忍。二、他因我之助缘而出家修行去了，我却竖不起肩膀，仍浮沉在醉生梦死的凡俗之中。所以深深地感到对于他的责任，很是难过。

　　我和弘一法师（俗姓李，名字屡易，为世熟知者名曰息，字曰叔同）

相识，是在杭州浙江两级师范学校（后改名浙江第一师范学校）任教的时候。这个学校有一个特别的地方，不轻易更换教职员。我前后担任了十三年，他担任了七年。在这七年中，我们晨夕一堂，相处得很好，他比我长六岁。当时我们已是三十左右的人了，少年名士气息忏除将尽，想在教育上做些实际功夫。我担任舍监职务，兼教修身课，时时感觉对于学生感化力不足。他教的是图画音乐二科，这两种科目，在他未来以前是学生所忽视的，自他任教以后就忽然被重视起来，几乎把全校学生的注意力都牵引过去了。课余但闻琴声歌声，假日常见学生出外写生，这原因一半当然是他对于这二科实力充足，一半也由于他的感化力大。只要提起他的名字，全校师生以及工役没有人不起敬的。他的力量全由诚敬中发出，我只好佩服他，不能学他。举一个实例来说，有一次，寄宿舍里有学生失少了财物，大家猜测是某一个学生偷的，检查起来却没有得到证据。我身为舍监，深觉惭愧苦闷，向他求教。他所指教我的方法说也怕人，教我自杀！说：

"你肯自杀吗？你若出一张布告，说做贼者速来自首。如三日内无自首者，足见舍监诚信未孚，誓一死以殉教育。果能这样，一定可以感动人，一定会有人来自首。——这话须说得诚实，三日后如没有人自首，真非自杀不可。否则便无效力。"

这话在一般人看来是过分之辞，他提出来的时候却是真心的流露，并无虚伪之意。我自愧不能照行，向他笑谢，他当然也不责备我。我们那时颇有些道学气，俨然以教育者自任，一方面又痛感到自己力量的不够。可是所想努力的，还是儒家式的修养，至于宗教方面简直毫不关心的。

有一次，我从一本日本的杂志上见到一篇关于断食的文章，说断食是身心"更新"的修养方法，自古宗教上的伟人，如释迦，如耶稣，都曾断过食。断食能使人除旧换新，收去恶德，生出伟大的精神力量。并且还列举实行的方法及应注意的事项，又介绍了一本专讲断食的参考书。我对于这篇文章很有兴味，便和他谈及，他就好奇地向我要了杂志去看。以后我们也常谈到这事，彼此都有"有机会时最好把断食来试试"的话，可是并没有作过具体的决定，至少在我自己是说过就算了的。约莫经过了一年，他竟独自去实行断食了。这是他出家前一年阳历年假的事。他有家眷在上海，平日每月回上海二次，年假暑假当然都回上海的。阳历年假只十天，放假以后我也就回家去了，总以为他仍照例回到上海了。假满返校，不见到他，过了两个星期他才回来，据说假期中没有回上海，在虎跑寺断食。我问他："为什么不告诉我？"他笑说："你是能说不能行的。并且这事预先教别人知道也不好，旁人大惊小怪起来，容易发生波折。"他的断食共三星期：第一星期逐渐减食至尽，第二星期除水以外完全不食，第三星期起由粥汤逐渐增加至常量。据说经过很顺利，不但并无苦痛，而且身心反觉轻快，有飘飘欲仙之像。他平日是每日早晨写字的，在断食期间仍以写字为常课，三星期所写的字有魏碑，有篆文，有隶书，笔力比平日并不减弱。他说断食时心比平时灵敏，颇有文思，恐出毛病，终于不敢作文，他断食以后食量大增，且能吃整块的肉（平日虽不茹素，不多食肥腻肉类）。自己觉得脱胎换骨过了，用老子"能婴儿乎"之意改李婴，依然教课，依然替人写字，并没有什么和前不同的情形。据我知道，这时他还只看些宋元人的理学书和道家的书类，佛学尚未谈到。

转瞬阴历年假到了，大家又离校。哪知他不回上海，又到虎跑寺去了。因为他在那里住过三星期，喜其地方清静，所以又到那里去过年。他的皈依三宝，可以说由这时候开始的。据说，他自虎跑寺断食回来，曾去访过马一浮先生，说虎跑寺如何清静，僧人招待如何殷勤。阴历新年，马先生有一个朋友彭先生求马先生介绍一个幽静的寓处，马先生忆起弘一法师前几天曾提起虎跑寺，就把这位彭先生陪送到虎跑寺去住。恰好弘一法师正在那里，经马先生之介绍就认识了这位彭先生。同住了不多几天，到正月初八日，彭先生忽然发心出家了，由虎跑寺当家为他剃度。弘一法师目击当时的一切，大大感动，可是还不就想出家，仅皈依三宝，拜老和尚了悟法师为皈依师。演音的名，弘一的号，就是那时取定的。假期满后仍回到学校里来。

从此以后，他茹素了，有念珠了，看佛经了，室中供佛像了。宋元理学书偶然仍看，道家书似已疏远。他对我说明一切经过及未来志愿，说出家有种种难处，以后打算暂以居士资格修行，在虎跑寺寄住，暑假后不再担任教师职务。我当时非常难堪，平素所敬爱的这样的好友将弃我遁入空门去了，不胜寂寞之感。在这七年之中，他想离开杭州一师有三四次之多，有时是因为对于学校当局有不快，有时是因为别处来请他，他几次要走，都是经我苦劝而作罢的。甚至于有个一时期，南京高师苦苦求他任课，他已接受聘书了，因我恳留他，他不忍拂我之意，于是杭州南京两处跑，一个月中要坐夜车奔波好几次。他的爱我，可谓已超出寻常友谊之外，眼看这样的好友因信仰的变化要离我而去，而且信仰上的事不比寻常名利关系，可以迁就。料想这次恐已无法留得他住，深悔从前不该留他。他若早离开杭州，也许不会遇到这样复杂的因缘的。暑假渐近，我的苦闷也愈加甚。他虽常用佛法好言安慰我，我总熬不住苦闷。有一次，我对他说过这样的一番狂言：

"这样做居士究竟不彻底。索性做了和尚，倒爽快！"

我这话原是愤激之谈，因为心里难过得熬不住了，不觉脱口而出。说出以后，自己也就后悔。他却是仍是笑颜对我，毫不介意。

暑假到了，他把一切书籍字画衣服等等分赠朋友学生及校工们——我所得到的是他历年所写的字，他所有折扇及金表等——自己带到虎跑寺去的只是些布衣及几件日常用品。我送他出校门，他不许再送了，约期后会，黯然而别。暑假后，我就想去看他，忽然我父亲病了，到半个月以后才到虎跑寺去。相见时我吃了一惊，他已剃去短须，头皮光光，着起海青，赫然是个和尚了！他笑说："昨天受剃度的。日子很好，恰巧是大势至菩萨生日。"

"不是说暂时做居士，在这里住住修行，不出家的吗？"我问。

"这也是你的意思，你说索性做了和尚……"

我无话可说，心中真是感慨万分。他问过我父亲的病况，留我小坐，说要写一幅字叫我带回去，作他出家的纪念。他回进房去写字，半小时后才出来，写的是楞严经大势至念佛圆通章，且加跋语，详记当时因缘，末有"愿他年同生安养共圆种智"的话。临别时我和他作约，尽力护法，吃素一年。他含笑点头，念一句"阿弥陀佛"。

自从他出家以后，我已不敢再谤毁佛法，可是对于佛法见闻不多，对于他的出家，最初总由俗人的见地，感到一种责任：以为如果我不苦留他在杭州，如果我不提出断食的话头，也许不会有虎跑寺、马先生彭先生等因缘，他不会出家。如果最后我不因惜别而发狂言，他即使要出家，也许不会那么快速。我一向为这责任之感所苦，尤其在见到他作苦修行或听到他有疾病的时候。近几年以来，我因他的督励，也常亲近佛典，略识因缘之不可思议，知道像他那样的人，是于过去无量数劫种了善根的。他的出家，他的弘法度生，都是夙愿使然，而且都是稀有的福德，正应代他欢喜，代众生欢喜，觉得以前的对他不安。对他负责任，不但是自寻烦恼，而且是一种僭妄了。

夏丏尊先生在南屏女中

陈仁慧

我一直认为，我一生最大的幸福是遇见了几位好老师，其中之一是夏丏尊先生。

我于 1938—1941 年在上海南屏女子中学读高中。校长曾季肃先生是小说《孽海花》作者曾孟朴先生的妹妹。她是终生献身于教育事业的我国最早的女教育家之一。她一心想把南屏女中办好，她采取重要措施之一是竭尽全力加强师资阵容，所以当时在南屏女中任课的教师许多是社会上知名人士，其中就有夏先生。

夏先生教我们三年：从高中一年级起，一直教到高中毕业，这三年在我是终生难忘的三年。

难忘的第一堂课

我在认识夏先生之前，早在小学时代就读过夏先生的许多书，包括他翻译的《爱的教育》。听曾校长告诉我们，教我们国文的将是夏丏尊先生时，不禁雀跃三丈，我们兴奋地扳着手指数日子，都盼望着早日见见这位久仰大名的作家。

上课铃刚刚响完，教室的门开了，曾校长让进一位老先生来。

我看他穿一件深灰色长衫，脚上是黑布鞋。高高的身材，有点胖。圆圆的面庞，皮肤微黑。额头有许多皱纹；眼睛并不大，却炯炯有神，就深藏在皱纹堆里。头发比较稀疏，随意地覆盖在头顶上……作为一个十多岁的稚气的孩子，我未免感到有点失望。——据说，"文如其人"。读了夏先生的文章，我把夏先生想成眉清目秀、身材修长、温文尔雅、风度翩翩的儒士……

"我叫夏丏尊……"他开始说，一口道地的绍兴话。一面拿起一支粉笔转身去在黑板上写了"夏丏尊"三个大字。我看这三个字，瘦瘦长长，挺秀飘逸，潇洒多姿，完全不像一个黑胖的老头！

忽然我听到同学一阵笑声，原来夏先生正在就"丏"字与"丐"字的区别说明祖国语言文字的丰富多彩，以及正确书写汉字的重要性，以免失之毫厘，差以千里。夏先生从第一堂课第一句话开始，就是这样活泼生动地向我们进行了语文教育。

一件长衫

夏先生凡事认真，一丝不苟。当时高中国文课每周六学时，几乎每天都有一节。夏先生住在霞飞路霞飞坊（今淮海中路淮海坊），距地处沪西的南屏是比较远的，而且那时还没有直达的交通工具。但是，夏先生总是准确得像时钟一样，上课铃声刚响完，一定踏进教室。三年如一日，从来没迟到早退，从来没有请过事假病假。夏先生年事已高，每天跑路赶车，到达学校不免有点上气不接下气。为此，他总是提前到校，在教师休息室先坐下休息一会，平复自己的喘息，集中自己的思想，然后拿了粉笔，准备上课。我们发现了这情况，央求夏先生课前直接来我们教室休息。我们为夏先生搬好软椅，泡好茶，准备好上课用的粉笔……有时碰巧国文课排在早晨第一节，我们索性提早到校门口去迎接。夏先生常常用一块布包袱包着上课用的书本、眼镜之类，我们老远看见夏先生来了，赶快跑过去接过那个熟悉的布包，笑着说着，前呼后拥，一直把他接进教室，请他坐下，端上我们事先泡好的茶。如果是夏天，我们争相给夏先生打扇，递上冷的湿毛巾……每逢这种时候，夏先生总是慌忙张开两手阻挡，连声说："哎哟，让我自己来，让我自己来……"

学生们深深地受到了感动，私下悄悄议论怎样才能表达我们的感激、爱戴于万一。当然，要努力用功，要专心听讲，要学好国文，要考出好成绩，要……同学们七嘴八舌地发表意见。但是，这些都是做学生的理所当然的本分责任呀，还用得着说？！作为女孩子，我们终于想出了自己独特的方式：我们合伙，大家出钱，大家动手，给夏先生缝制一件长衫，作为"教师节"的献礼。

这事必须绝对保密，悄悄地进行，一点也不能让夏先生知道。但是，尺寸怎么量呢？不知谁想出了一条"锦囊妙计"：假说我们要上演话剧，向夏先生借长衫一用。

课余的时候，在宿舍里，闩上房门，十六个姑娘齐动手，裁的裁，缝的缝，熨的熨。几天之后，正赶上8月27日教师节那天，一件新长衫终于细针密线地完工了。我们把它熨得平平正正，用红绿丝线扎好，连同借来量尺寸的旧长衫，在上国文课前，一齐端端正正地放在讲台桌上。然后，大家兴奋地屏住呼吸，端坐在自己的座位上，静候夏先生的到来。

一如既往，夏先生在上课前一刻钟准时推门进来。

班长喊口令，大家起立，鞠躬，坐下。

夏先生愣了一下，掏出怀表来看：咦，还没有到上课时间呀？接着，按照事先商量好的，大家一齐热烈鼓掌。夏先生更纳闷了，他用目光扫视全堂。十六个兴奋得发红的脸蛋，使他有点惊讶了。

这时他发现讲台桌上用红绿丝线扎好的新长衫："哟，这是什么呀？"

班长恭敬地站了起来，热情洋溢地说明原委。

夏先生听着听着，忽然像孩子似的害羞起来，慌乱地说："嗳，嗳，这怎么说呢？……嗳，你们大家一齐动手做的？……嗳……好，好……"又发现一旁的旧长衫，恍然大悟，哈哈大笑。连说："我上当了，我以为……"

大家一致要求夏先生马上穿了试试。坐在前面第一排的两个同学不由分说地跑上讲台帮忙。夏先生呵呵地笑着，慈父似的任听孩子们摆布。

新长衫经过大家鉴定，一致认为满意时，夏先生笑道："好了，好了，今天就穿着新长衫上课。——下课后我还要穿回去给你们夏师母看看哩！"

爱的教育

南屏女中开始创办时，全校学生一共只有七十二人。因为与孔夫子的"七十二门人"相巧合，曾校长就玩笑地称我们为"南屏的七十二贤"。我们班只有十六人，因为是全校的最高班级，又读过几篇《论语》《孟子》之类的选文，知道几个孔门弟子的姓名，便索性互相取起绰号来：有的叫子路，有的叫曾参，有的叫冉有，有的叫宰予……我被称为颜回。有一次，上课之前，大家正在说笑，夏先生来了，我们便围着夏先生，互相"揭发"彼此的绰号，并且笑着嚷着，七嘴八舌地争问夏先生对绰号的意见：绰号取得像不像？绰号与本人的特点是否相符？……当夏先生知道我的绰号后，他沉默了，若有所思。经不起同学们不断催问，他才说："在孔子的学生中，颜回是最短命的……"他又换了语调赶紧加上一句："不过，我们的颜回是长寿的。"

夏先生有时也跟着同学们玩笑地叫我一声颜回。但是他往往要在"颜回"之上加个定语，成为"长寿颜回"。好像如果不加这个定语，叫来叫去，我就会真的被叫得短命了似的。他又说只把长寿的意思取在名字上还是不够的，还要注意锻炼，不要只知道读书，体育课也很要紧哩。身体好了，才能真正做个"长寿颜回"。

夏先生对佛学很有研究，知己朋友中有几位也是佛学方面很有名望的人士，如李叔同（弘一法师）和丰子恺先生等。有一次，他送我一本丰子恺先生新出版的《护生画集》，并且从头到底，一页一页地翻开给我看，兴趣盎然地逐页加以讲解、分析，以引导我更好地体会理解画家的意境，启发我对美术的兴趣，提高我的艺术欣赏能力。

记得翻到一页，画着一群羊，温驯而且几乎欢愉地跟着一个屠夫进入一家饭店的后门。饭店是清真馆子，酒帘高悬，吃客盈门。门前写着斗大的字："羊肉俱全。"画幅题名为："羊不识字"。夏先生说："这个标题想得好，有画龙点睛的作用。"

又翻到一页，画着一只铁锅，锅下熊熊的烈焰正在加温，锅里有几条黄鳝。其中一条雌鳝鱼，正在竭尽全力用它的头部和尾部把大腹便便的肚子挺到力所能及的最高度，目的在使腹中无数小鳝鱼可以晚一步被煮死。画幅题名"母亲的心"。夏先生看了，恻然良久，说："画是画得很好，只是——太触目惊心了。"

有一次，我偶然听到曾校长说起一件事。她说："夏先生真奇怪，自己的儿子不叫他去考大学，却送到钱庄去当学徒。他认为书读多了也没用，不如当个学徒，学来一技之长，混碗饭吃。"言下不胜感慨。可见夏先生对当时国民党统治下的黑暗社会是很不满的。

但是，夏先生对自己的教学工作却异常认真。他凡事以身作则，身教重于言教。他要求学生做到的事，自己一定首先做到。他要我们作文时认真构思，字体要端正，卷面要整洁。他为我们批改作文，在这些方面都是表率。我们的每篇习作后面，都有夏先生的一段评语，写得端端正正，整整齐齐，一笔不苟，字斟句酌地给这篇习作恰如其分的评价。当然，有缺点错误逃不过夏先生的眼睛；但只要有一丁点儿进步，不管是哪方面的，总会被夏先生发现，郑重其事地提出来，加以亲切的鼓励和表扬。所以，读了夏先生的评语，每个人都觉得自己有所进步，充满了希望。评语之外，几乎在每处删改增添过的地方，他都要在页顶用密密麻麻的蝇头小楷加上眉批，说明这个地方为什么要这样改。凡有错别字，夏先生也绝不放过，一方面在字边打上红杠标出，一方面在这个错别字所在一行的页顶，用红笔画上一个空心方框，要学生自己填写改正，以加深印象。如果有些句子或段落夏先生觉得写得好，他老人家总是密加圈点，根据赞赏的程度，分成红点、单圈、双圈和三圈。有时还在圈点之处加上眉批，说明好在何处，妙在哪里。如果他认为全篇都写得不错，还往往拿到课堂上去抑扬顿挫地朗诵一番，并且随时夹入他的按语和评论，其高兴得意之色，溢于言表。

　　夏先生讲课是很细致的。凡有难点，必定详加解释，有时还引经据典，介绍参考书让我们阅读，务求使我们懂得透彻。尽管他在课余时随随便便，平易近人，在课堂上要求却很严格。但是，刚刚升入高中的我们，有时顽皮得和孩子差不多，课堂上，有时我们听着听着，忽然发现夏先生说话的速度逐渐变慢，终于最后停顿，眼睛却牢牢盯住某个方向。跟着他的眼光朝那个方向看去，准能发现有同学思想开小差，或者做什么小动作。这无言的片刻就是夏先生对我们最严厉的训斥。同学们把这种训斥称为"此时无声胜有声"。几次之后，再也没有学生敢在夏先生的国文课上不专心听讲了。后来有同学提起这事，感慨地说："其实夏先生从没有呵斥过我们。——可是他的眼睛好像透过我们的骨髓……"

　　这话一点不假，夏先生对我们的观察是细致入微的。全班同学的学习情况，他几乎个个了如指掌。举一件有趣的小事来说：我们全班十六人，夏先生能百试百验地分辨我们每个人的笔迹。有一次，课余围着夏先生谈笑，说起这件事，有人表示不相信，调皮地提议要当面"考考"夏先生，以资验证。于是，一呼百应，找纸的找纸，拿笔的拿笔，我们躲过了夏先生，在纸上每人随意写了一句话。夏先生稍微一看就能认出哪一句话是谁写的，一点不差。

夏先生对学生们的观察之所以能这样细致入微，明察秋毫，最主要的原因在于他对学生、对教育事业的无限热爱。他是在用生命、用爱对我们进行教育的呵！

南屏是个女子中学。夏先生说，女学生的优点是，一般地比较用功，缺点往往是喜欢死抠书本，知识面不广。为此他常常鼓励我们多读课外书籍，有时他还把自己珍贵版本的藏书拿来给我们阅读。有一次他带给我一部线装的《淮南子》，指定里面一些篇章要我读。对于古老的线装书，我觉得不像看小说那样有趣。因此，几天之后，当夏先生查问我阅读情况时，我竟然瞠目不知所对。夏先生有点生气了，沉默了好一阵，才说："做学问要'锲而不舍'才行呵！"这句话给我很深刻的印象。在此后的一生中，无论做什么事，每当我虎头虎尾，打算知难而退时，我总要想起夏先生的这句话，而重新鼓起勇气。

高风亮节

珍珠港事件爆发后，上海被日军占领，我举家内迁，转学内地，在福建同安和夏先生通过信，以后失去联系，只是零零碎碎得到一些关于夏先生的消息。据说上海沦陷后，日本人慕夏先生之名，曾数次登门"求教"，威胁利诱，请他出来，均遭到严词拒绝，夏先生因此受到日军的逮捕迫害。后来，听说他患腹膜炎兼肺结核，与世长辞了。

　　夏先生并不是什么叱咤风云的大人物，也没有做过什么惊天地泣鬼神的大事业，他一生只是勤勤恳恳、任劳任怨，以他的一支笔，蘸着他的心血，通过他的辛勤劳动，默默地耕耘了千万读者和学生的心田，撒下了美好晶莹的种子。

1980 年 7 月 7 日于山东大学

孤岛时期的夏丏尊

夏弘福

　　1946 年 4 月 23 日，著名的教育家、翻译家、文学家——夏丏尊在上海逝世了。他是在贫病交加之际，在对时局的极度悲愤中与世长辞的。今天当我们缅怀夏先生时，尤其不能忘怀他在一生的最后十余年中，特别是在孤岛时期度过的艰辛岁月。

　　1932 年 1 月 28 日，淞沪抗战发生，夏先生和朋友们在江湾创办的立达学园遭到日寇轰炸，几乎全部被毁。他在《钢铁假山》一文中，描述了江湾立达学园在战后满目凄凉的情景。夏先生从瓦砾场上捡了一块重约一斤的弹片，因为它有些部分像峭壁，有些部分像危岩，于是把它当作"假山"放在案头，为的是让后人记住这"叫人发指"的"带着血腥"的侵略"铁证"。

　　隔了五年半，1937 年 8 月 13 日，上海战事又起，夏先生任职的开明书店经理部和编辑部被大炮轰毁，夏丏尊一家从虹口区的麦加里迁居到当时是法租界的霞飞坊（今淮海坊）3 号，除了随身带上的一点衣服，此外一无所有，全家六口挤在楼下的一间客堂里，从此开始了艰难的岁月。开明书店经济周转困难，不能按月支薪，夏先生生活来源失去了保证。加上次子龙文多年失业，全家人的生活重担都压在他一人的肩上。他曾一度在南屏女中兼任国文教员。有时还要靠借债度日。

通过现存的抗战时期夏先生给亲友的一些信札，我们可略见当时他家生活状况的一斑。他的次子龙文经八年失业后，托人在宁波找到了一个糊口的小差使。夏先生在给他的信中多次写道："唯生活威胁日重，米价已涨至千四百元矣。……物价日日暴涨，不知如何生活得下去。"在一年后的一封信中又写道："上海米价二万元以上，香烟抽不起，最好戒绝。"1941 年 11 月的一封信中写道："沪寓开支较大，薪水所入不够半数，现已戒酒。又接得翻译佛经生意，夜间工作至十二时就寝，预计如此苦干，当能过去。"在这种情况下夏先生的身体渐渐衰弱了。1940 年 11 月15 日夜半，他在给学生兼好友丰子恺的信中也写道："浙东不通如故，欲归不得，在上海也恐活不下去……烟已吸至平常不吸之劣牌子……"在现存的信札中，我们还看到有一封短信，是他当年写给一位小学校长庆森先生的，其内容是："新学期开始，小孩学费又成问题，希望小孙夏弘正学杂费仍予减半缴纳。今令小媳去校面恳。"当了二十年的教育家，他的孙子在当时竟上不起小学，更不用说处于社会更底层的广大劳动人民了。

在国家民族生死存亡的关键时刻，夏先生虽然生活如此困苦，但是始终坚持爱国的立场。早在 1936 年，他在中国文艺家协会的成立大会上被推为主席，这个协会的宗旨是要求作家形成抗日统一战线，为民族解放运动共同努力。"八一三"战争爆发，上海文化界救亡协会机关报《救亡日报》在上海创刊，夏先生是编委之一。他积极参加救亡运动，宣传抗日主张。他的朋友大多分赴重庆、桂林、昆明等地，坚持抗日救国活动。上海成了孤岛，他因为身体状况不佳及家庭拖累没有离沪，留在上海。在八年抗战最艰苦的日子里，他团结了大批正直的文化工作者、教育家、科学家，坚持了孤岛时期的抗日运动。1943 年 12 月 15 日深夜，夏丏尊被日本宪兵司令部捕去。日寇出示中国文艺家协会主张抗日的宣言，据以问罪，并想利用夏先生的名望为他们办事。夏先生正气凛然，给以义正词严的驳斥。后来由好友内山完造营救，夏先生才得以获释。但经此磨难，他肺病复发，身体更趋衰弱。

夏先生早年留学日本，他对日本的文化、艺术、民间风习，有广泛的爱好和较高的鉴赏力。他在《日本的障子》一文中就较详尽地谈到了这方面的见地。在他的译著中，有不少是日本进步作家的作品，他所译的欧美文学作品，也从日译本转译而来。1945年1月13日，日本友人内山完造夫人内山美喜子去世，葬于上海。她病重时，夏先生曾前去探视，她去世后还为之撰写碑文。夏先生对日本人民及其文化怀有深厚的感情。但他对万恶的日本侵略者是深恶痛绝的，在严峻的考验中，他坚守气节，表现了一个正直的知识分子所具有的爱憎分明的高贵品质。

1945年8月抗战胜利了，但是胜利果实被国民党反动派窃取了，人民刚刚盼到的希望又变为失望。此时夏丏尊先生对时局感到更深的忧愤。1946年4月22日，在他生命垂危的时刻，亲家叶圣陶先生去看望他，这也是他俩的最后一次见面，当时夏先生已无力翻身，说话也已困难，他对叶先生费力地说："胜利！到底啥人胜利——无从谈起。"简短的话语，凝铸了他的悲哀和愤怒，这也正是对国民党反动派种种倒行逆施罪恶的声讨。夏先生直至生命的最后时刻，还在为国家的前途和民族的命运担忧。

忆丏尊先生

徐铸成

40 年前，八年抗战终于得到了胜利，广大沦陷区人民总算盼到了"天亮"。而迎来的却是"地下冒出和天上飞来的劫收——'五子登科'"的"英雄"们。

我也是"天上飞来"抵沪较早的一个。记得是 9 月 3 日，重庆的国民党中宣部特派了一架飞机，运载每报一人到南京参加预定翌晨举行的受降典礼，我代表《大公报》参加。一行约十余人，到了南京，才知道受降典礼延期举行。当晚，我和陈落同志坐上夜快车，于第二天清晨到了阔别六年（抗战初期，我曾在"孤岛"的《文汇报》苦斗到最后）的上海。

大约在到沪的第三天，柯灵同志来和我说蛰居孤岛的几位朋友和前辈，想约我便酌，为我接风，席设今重庆南路巴黎新村的傅雷寓所。那时我住复兴中路复兴公园附近，距巴黎新村只有咫尺之隔，步行就到了。参加便宴的除傅雷兄外，有马夷初（叙伦）、夏丏尊、郑振铎、周煦良、徐中舒几位先生。席间，我谈了对复刊《大公报》的打算，决心以争取民主、反对内战为言论方针，请在座的各位朋友作特约撰述，轮流为上海《大公报》撰写星期论文，在座的诸位都慨然答应了我的要求。

《大公报》上海版于是年 10 月初复刊，首次的星期论文是马夷初先生写的。夏丏尊先生最后为我们写的星期论文，题目是《中国书业的新途径》，刊出日期为 1945 年 12 月 27 日。那时他已病重，是力疾执笔的，而文辞还是十分典雅清丽，说理则非常明确坚决。在此以前，11 月 25 日的《大公报》上，曾刊出夏先生的《好话与符咒式的政治》，更表明了他对当时政府的愤慨。这两文，距丏尊先生病逝不到半年，可见先生是一息尚存，战斗不已的。先生是 1946 年 4 月 23 日逝世的，27 日的重庆《新华日报》曾刊出社论《悼夏丏尊先生》，上海友好则于 6 月 2 日在玉佛寺举行追悼会。

是年 3 月我离开《大公报》，5 月 1 日起重回改版后的《文汇报》主持笔政，马傅两先生曾不断给以最有力的支持，而夏先生已成古人，思之不胜泫然雪泪！

丏尊先生是和鲁迅同时代的人物！我青年时即拜读其文，深深敬重其品格之清逸高远。1926 年创办的开明书店，以丏尊先生及圣陶先生为核心的编辑部，团结了诸如王伯祥、宋云彬、丰子恺、徐调孚、顾均正、傅彬然、丁晓先这些学有专攻的有志之士，正如叶先生后来所指出的："开明书店是一些同志的结合体，这所谓同志并不是信仰什么主义，只是说我们这些人意趣上互相理解，在感情上彼此融洽，大家愿意认真做点儿事，不求名，不图利，却不敢忽略对于社会的贡献。"准备做些什么贡献呢？叶先生接着说："我们把我们的读者规定为中等教育程度的青年，出版一些书刊，绝大部分是奉献给他们的。"（见《叶圣陶散文》"开明书店二十周年"）恰在 1926 年，我离开中学，升入在北京的大学，照例该是剔出开明所规定的范围了，但开明所出版的书，内容扎实、装帧清新，依然吸引着我。如夏叶诸先生写的书，往往配上丰子恺先生的插图，相得益彰，我常常一卷在手，爱不忍释。尤其是夏丏尊先生所译的《爱的教育》等书，仿佛有极大的磁力，一经开读，非夜以继日到读完不止，且而常常反复诵读，企图较深地领会其含义。他们出版的《中学生》月刊，也活泼丰富，图文并茂，时时打动着已非中学生的我的心弦。广大青年受教育之深，可想而知。比我年轻的我的同事徐盈及子冈两同志，听说就是在《中学生》上投稿，互通感情，最后结成伉俪的。我今春在京重逢老友吴金衡女士，才知道她和吴绳同志的结为伴侣，也从《中学生》开端的。可见开明书店对开发国家的智力，扩大青年的视野，提高读者的情操和气质方面，做了多么大而深远的贡献。

我一向认为，在任何社会制度下，一个机关事业要兴旺发达，内部团结是一个重要条件。报馆和出版事业尤其如此。编辑部必须是精干的志同道合的战斗集体，工作起来才能生气蓬勃，才能生产出高质量的产品。开明书店可以说是最典型的例子。我和夏叶两先生及王伯祥、丰子恺诸公相知有素，一向敬重他们的道德文章，和宋云彬、傅彬然先生过从尤熟，据他们告诉我，开明编辑部工作都能各显所长，发挥各自的积极性，平时则互勉互助，痛痒相关，这在圣陶先生所著的《我与四川》一书中可见一斑。他们在抗战中，分隔四川、桂林、上海各地，而鱼雁频通，单单叶先生致夏先生及留沪诸公的信，即多至数百件，叶先生 1938 年在四川有《阅丏翁回愁为喜赠二律》，试抄录其中一律如下：

> 自今想象十年后，我亦清霜上鬓须。
> 既靖烟尘生可恋，欲亲园圃计非迂。
> 定居奚必青石弄，迁地何妨白马湖。
> 乐与素心数晨夕，共看秋月酌春酤。

青石弄是叶先生在苏州的故居，白马湖为丏尊先生筑屋的故乡，这诗道出他们的深厚交情。他们两公多年同事，结为儿女亲家，甚至不惜抛离故土，愿迁居白马湖与老友朝夕相结，这种生死不渝的交情，真可与历史上"徐稚下陈蕃之榻"及俞伯牙与钟子期的故事共传千古。

这也真可以说是现代新闻出版界中的一页美谈。

"期文化之交互"

——记夏丏尊先生和内山完造先生

叶至善

内山完造先生和我的岳父夏丏尊先生是好朋友。他们见最后一面，我恰好在旁边。那是 40 年前——1946 年 4 月，夏先生去世前的四天或五天。

那时上海的日侨集中居留在一起，等候遣送回国，内山完造先生也不例外，出来不很方便。夏先生病重，不知他是怎么知道的；他特地请了假，请翻译——好像原先是他书店的伙计陪同，来探望夏先生。

翻译先进来通报。我听说是内山完造先生，跟夏先生说了一声，赶忙出去迎接。没等客人坐定，夏先生在床上已经挣扎着坐起来了。我在他背后加上两个枕头，让他靠着。内山完造先生毕恭毕敬地坐在他脚边的椅子上。

夏先生能说流利的日语，他俩谈话根本用不着人转译。翻译靠方桌坐着，听他们说。我站在床边，听不懂他俩讲些什么。只觉得夏先生兴奋极了，话讲得多极了，好像涌出来似的，只是语音有点儿模糊。我们从四川回到上海已经两个多月，夏先生几乎没离开过床；讲话每次至多两三句，尤其最后那半个月，气越来越短，一句话都要分成几截，从没见他这样接连不断的。我看着又高兴又担心。他见了老朋友如此兴奋，我怎么不高兴？可是这样滔滔不绝，我怕他太累了。

　　内山完造先生一声连一声地应着，难得插上一句话，夏先生不住嘴地说，好像不让他有插嘴的余地。不到半个小时，内山完造先生站起来告辞，才叮咛了一些什么。他一定觉察到了，夏先生兴奋成这样是不相宜的。

　　我送内山完造先生出了门，悄悄地跟在后边问那位翻译："夏先生说了些什么？"翻译说："前言不搭后语，听不懂他说了些什么。"听了这话，我的心不由得往下一沉。再一想，总不至于说胡话吧，可能骤然见了老朋友，要说的话全涌上来了，来不及理出个头绪来。回屋里再去看夏先生，他推开了我给垫的枕头，已经躺平了，闭上了眼睛在喘气。他实在太累了。

　　夏先生是 4 月 23 日夜间去世的，25 日在上海殡仪馆入殓。内山完造先生又特地请了假来吊唁。对着长眠的夏先生，他注视了一会儿，又低下头，嘴角微微颤动，似乎在默念什么，站了好几分钟才退出去。他跟夏先生说了些什么呢？也许跟夏先生告别，说他就要被遣送回国了，而把心爱的夫人——他的事业的共同支撑者，永远留在了中国。

　　内山完造先生的夫人是一年多以前——1945 年 1 月逝世的，葬在上海万国公墓。内山完造先生请夏先生题了墓碑。墓的样子很别致，并排两个墓穴是用大理石凿成的两座小小的桥，右边的葬夫人的骨灰，左边的空着，内山完造先生留给自己用的。小石桥向南的坡面上都刻着一行大字一行小字。大字是"内山美喜子之墓"和"内山完造之墓"；小字相同，都是"内山书店创立者"，开办书店原是他们夫妇俩共同的事业。墓前还有一块平躺着的大理石，是一本打开的书，书页上六行大字：

　　　　以书肆为津梁，
　　　　期文化之交互；
　　　　生为中华友，

殁作华中土。

吁嗟乎，

如此夫妇！

颂词这样简短朴质，在别处似乎没见过。两行如实概括了墓主夫妇的事业，两行说的内山完造先生的心里话，两行是夏先生对他们夫妇俩的赞叹。文是夏先生的文，字是夏先生的字，熟悉夏先生的人都一望而知，可是后边就没有落款。1943 年 12 月，夏先生被日本宪兵司令部抓去过，是内山完造先生营救出来的。时间才相隔一年多，上海还是日本军国主义者的天下，夏先生的名字当然还是不出现为宜。

夏先生对日本军国主义者深恶痛绝。"一·二八"战役之后，他从立达学园的瓦砾堆上捡回一块炸弹片，把它当作假山摆在案头。他说他"不愿在这严重的史迹上弄轻薄的文字游戏"，作什么诗歌或铭文，"宁愿老老实实地写几句纪实的话"，还说"照理该用血来写"。在小说《整理好了的箱子》中，他借主人公的嘴说："如果中国政府真个会和人家打仗，我们什么都该牺牲，区区不值钱的几只箱子算得了什么。"他是做好了什么都该牺牲的准备的，匆匆离开战区的时候几乎什么也没搬出来。后来在日本宪兵司令部受审讯，他拒绝用日语作答，他说他是中国人，在这种场合他只能说中国话。可是对日本的文学艺术甚至生活习惯，他没有一样不爱好的。他喜欢插花，喜欢到了一天也少不得的程度。有时候，听得他拉直了嗓门唱日本长歌。他有一篇散文，专写日本的障子——那种糊纸的格子窗户是何等可爱，在他自己设计的"平屋"中就采用了障子。他把许多日本作家介绍到中国来，翻译和编辑了他们的小说、散文和学术论著，在他主持的开明书店出版，其中有一本就是内山完造先生写的《一个日本人的中国观》。"以书肆为津梁，期文化之交互"，其实也是夏先生的心愿，难怪他和内山完造先生的友情有如此之深。

夏先生过世后不久，内山完造先生跟一批日侨一同被遣送回国了。在拥挤的轮船上，他一定思潮澎湃，他会想起扔在中国的事业，想起扔在中国的夫人，想起中国文化界的许多朋友，有的已经过世了，有的正在为中国的新生而呼号奔走……他大概不可能料到事态的发展会如此之快，在他离开才三年多一点儿，中国就发生了天翻地覆的变化。他兴奋地作为日本人民的友好使者，一次又一次地来到解放了的中国的土地上，最后竟应了他的心愿："生为中华友，殁作华中土"——1959年他又来中国访问，突然得了病，在北京去世了；骨灰送到上海，葬在他的夫人内山美喜子旁边。"吁嗟乎，如此夫妇！"来凭吊的人念着墓碑，都会发出跟夏先生同样的赞叹。

第　五　章

开明事业：
文学与出版

文学的力量

夏丏尊

文学的有力量是事实。在几千年前，我们中国就知道拿文学来做移风易俗、改革社会的工具，这用现在的用语来说，就是所谓文艺政策。足见文学的力量，自古就已经大家承认的了。到了现在，因了印刷与交通的进步，识字者的增多，文学的力量愈益加增。我们可以说，文学的力量是非常之大的，只要看《黑奴吁天录》一书使黑奴得到解放，青年人读《少年维特的烦恼》有因而致自杀者，便可以明了。所以文学之有力量已是明白的事实，无须费词。今天所要讲的是以下三点：第一，文学的力量从何而来；第二，文学力量的特点；第三，文学对于读者发生力量需要什么条件。

一、文学的力量从何而来

我以为要讲文学的力量发生，应先讲文学的本身。文学的作品如诗歌小说之类，和"等因奉此"的公文，"天地玄黄、宇宙洪荒"的千字文性质不同。文学的特性第一是"具象"。我们平常说话不一定是文学的，但如果用文学的方法来说，便成为文学的了。譬如我们说："日子过得很快。"这句话语不足称为文学。如果我们要使它文学化，第一就应当使其能够使人感觉到，既是使其具象化。于是我们便说："流光容易把人抛，红了樱桃，绿了芭蕉。"这样便成为文学的说法了。为什么？因为后边的一句是具象化的："抛""红""绿""樱桃""芭蕉"，都是可用感觉机关来捉摸的事象，比"日子过得很快"的说法有声有色得多。再好像我们听见人家说某某地方打仗，死了很多人，这句话当然使我们感动，但若我们果然亲身到了那个地方，眼睛看见累累的尸身，狰狞可怖，那我们所得的印象一定更深了。可见愈具象的事情愈能使人感动。文学的力量也是同样发生的。通常说，中国人胆子小，爱面子，爱虚荣，因为了这些劣根性，于是中国人到处吃亏。但是只讲我们中国人有这些不良的品性，我们听了感动甚少。经鲁迅氏在《阿Q正传》中，假了名叫阿Q的一个人，加以一番具体的描写，便深刻多了。

文学的力量是从"具象"来的。不具象就没有力量。

文学的特性，第二是情绪的。这情绪也是使文学有力的一个条件，大凡告诉人家一件事情使他去做，有好几种的方法，或是用知识，或是诉之于情感。知识能够使人知道"如此这般"，但是很不容易使人实行。如果用情感就不同了。我们用情感使人做一件事，若是能使对方动情，对方自然便去做了。所谓"情不自禁"者，就是指这现象的话。文学的作品并不告诉人家如何如何，只把客观的事实具象地写下来，使人自己对之发生一种情绪，取得其预期的效果。

以上是讲文学本身发生力量的缘由。次之，文学的力量还可以从文学作者发生。文学作者的敏感，也是使文学有力量的原因。所谓文学作者，便是那些感情和观察力比较常人来得敏捷的写作的人：普通人看不见的，他们能够看见；普通人感觉不到的，他们感觉得到；普通人想不到的，他们也想得到。因为文学作者对于社会、对于事物的观感，比常人特别强，所以社会有变动时，先觉者往往是文学作者。世间事件所含奥秘，一般人往往不能见到，经文学作者提醒以后，方才注意及之。譬如讲到妇女解放问题，最初发动的是文学作者易卜生，他的名剧《娜拉》便是妇女解放的先声。美洲的黑奴解放，普通人都归功于《黑奴吁天录》一书，因为人生很微细的地方，文学作者都能看得到，因而把他的敏感观察得到的东西发挥创作，自然会使人佩服，对读者有力量了。

所以，文学的力量的来源，可以分做两部分，第一从文学本质而来的，由于具象，由于情绪；第二是从文学作者方面来的，便是由于作者的敏感。

二、文学力量的特点

文学的力量是感染的力量，不是教训。教训的力量是带有强迫性的，文学的力量是没有强迫性的，是自由的。近来常有一种作品，带着浓厚的教训性，露骨地显露着某种的教训。这些作品往往缺乏具象与真实的情绪，与其说是文学作品，不如说是口号的改装。口号是一种号令，具有强烈的强迫性，真正的文学的力量，性质绝非如此。文学并非全没教训，但是文学所含的教训乃系诉之于情感。文学对于世界，显然是负有使命的。文学之收教训的结果，所赖的不是强制力，而是感染力。良师对于子弟，益友对于知己，当施行教训的时候，常极力避用教训的方式，而用感化的方法，结果往往得到更大的功效。文学的力量亦正如此。

三、文学对读者发生力量的条件

文学的力量是不普遍的。文学需要着读者，某作家做了一本小说，如果国内读的人有了一万万，这一万万人也许都受了这本小说的感动，而还有三万万人没读这本小说的，是无法直接感动的。并且，一种文学作品并非对于任何读者都能发生效力。文学作品要对于读者发生效力，其主要条件是作者和读者之间的"共鸣"，作品对于读者有共鸣作用的便有力量，没有共鸣作用便无力量。这共鸣作用因空间时间而不同，因人的思想环境有别而各异。譬如讲失恋故事的作品，在我这个未曾尝过恋爱滋味的人读了，是不甚会发生共鸣的；西洋小说里面讲基督教的部分，在不懂基督教的人看来是不会发生兴趣的。一个作品里所表现的东西常有一般的与特殊的两种，大概描写一般的人性的东西，容易使多数人感动，对多数人发生力量；至于叙写特殊的境遇的东西，如失恋的痛苦、孤儿的悲哀之类的东西，非孤儿和未曾尝过恋爱的滋味的人看了，感动要比较少。《红楼梦》是一部著名的小说，写林黛玉有许多动人的地方，但是这书在一百年前的闺秀眼中，和在现今的"摩登"小姐眼中，情形便不一样，她们的感受一定不大相同。某种作品有某种读者，《啼笑因缘》的读者和《阿 Q 正传》的读者，根本上是不同的人。

把上面的话归纳起来，就是：文学是有力量的，文学的力量由具象、情绪和作者的敏感而来；文学的力量，其性质是感染的，不是强迫的；文学作品对于读者发生力量，要以共鸣作用为条件。

致文学青年

夏丏尊

××君：

承你认我为朋友，屡次以所写的诗与小说见示，这回又以终身职业的方向和我商量。我虽爱好文学，但自惭于文学毫无研究，对于你屡次寄来的写作，除于业务余暇披读，遇有意见时复你数行外，并不曾有什么贡献你过。你有时有信来，我也不能一一作复。可是这次却似乎非复你不可了。

你来书说："此次暑假在××中学毕业后，拟不升学，专心研究文学，靠文学生活。"壮哉此志，但我以为你的预定的方针大有须商量的地方。如果许我老实不客气地说，这是一种青年的空想，是所谓"一厢情愿"的事。你怀抱着如此壮志，对于我这话也许会感到头上浇冷水似的不快吧。但你既认我为朋友，把终身方向和我商量，我不能违了自己的良心，把要说的话藏匿起来，别用恭维的口吻来向你敷衍讨好一时。

你爱好文学，有志写作，这是好的。你的趣味，至少比一般纨绔子弟的学漂亮、打牌、抽烟、嫖妓等等的趣味要好得多，文学实不曾害了你。你说高中毕业后拟不再升大学，只要你毕业后肯降身去就别的职业，而又有职业可就，我也赞成。现在的大学教育本身空虚得很，学费、膳费、书籍费、恋爱费（这是我近来新从某大学生口中听到的名词）等等，耗费很大。不升大学也就罢了，人这东西本来不必一定要手执大学文凭的。爱好文学，有志写作，不升大学，我都觉得没有什么不可，唯对于你的想靠文学生活的方针，却大大地不以为然。

靠文学生活，换句话说，就是卖字吃饭。（从来曾有人靠书法吃饭的叫"卖大字"，现在卖文为活的人可以说是"卖小字"的。）卖字吃饭的职业（除抄胥外）古来未曾有过。因文字上有与众不同的伎俩，因而得官或被任为幕府或清客之类的事例，原很多很多，但直接靠文学过活的职业家，在从前却难找出例子来。杜甫李白不曾直接卖过诗。左思作赋，洛阳纸贵，当时洛阳的纸店老板也许得了好处，左思自己是半文不曾到手的。至于近代，似乎有靠文学吃饭的人了。可是按之实际，这样职业者极少极少，且最初都别有职业，生活资料都靠职业维持，文学生活只是副业之一而已。这种人一壁从事职业，或在学校教书，或入书店报馆为编辑人；一壁则钻研文学，翻译或写作。他们时常发表，等到在文学方面因了稿费或版税可以维持生活了，这才辞去职业，来专门从事文学。举例说吧，鲁迅氏最初教书，后来一壁教书一壁在教育部做事，数年前才脱去其他职务。他的创作大半在教书与做事时成就的。周作人氏至今还在教书。再说外国，俄国高尔基经过各种劳苦的生涯，他做过制图所的徒弟，做过船上的仆欧，做过肩贩者、挑夫。柴霍甫做过多年的医生，易卜生做过七年的药铺伙计，威尔斯以前是新闻记者。从青年就以文学家自命，想挂起卖字招牌来维持生活的人，文学史中差不多找不出一个。

你爱好文学，我不反对。你想依文学为生活，在将来也许可能，你不妨以此为理想。至于现在就想不做别事，挂了卖字招牌，自认为职业的文人，我觉得很是危险。卖文是一种"商行为"，在这行为之下，文字就成了一种商品，文字既是商品，当然也有牌子新老、货色优劣之别，也有市面景气与不景气之分。并且，文学的商品与别的商品性质又有不同，文字的成色原也有相当测度的标准，可是究不若其他商品的正确。文字的销路的好坏，多少还要看合否世人的口胃。如果有人和你订约，叫你写什么种类的东西，或翻译什么书，那是所谓订货，且不去管他。至于你自己写成的东西，小说也好，诗也好，剧本也好，并非就能换得生活资料的。想依此为活，实在是靠不住的事。

你的写作，我已见过不少，就文字论原是很有希望的。但我不敢断定你将来一定能靠文学来生活，至少不敢保障你在中学毕业后就能靠卖字吃饭养家。最好的方法是暂时不要以文学专门者自居，别谋职业，一壁继续钻研文学，有所写作，则于自娱以外，不妨试行投稿。要把文学当作终身的事业，切勿轻率地以文学为终身的职业。

鄙见如此，不知你以为如何？

夏丏尊

赵景深

今天在大公报上看见夏丏尊先生逝世的消息："文学家夏丏尊前晚
（1946年4月23日）九时四十五分不幸逝世，享年六十一岁。夏氏著作
等身，临终前二日谆谆请托叶圣陶氏代为完成已费十余年心血之小字典
（该字典系依词类分述每一单字之用途，可谓别出心裁之作）。开明书店
及文协等已组织一治丧会，昨午二时即将夏氏遗体送至上海殡仪馆，定今
晨十时至下午二时开吊，半月后即依遗嘱火葬。"又在同报看见讣告，其
中有云："遵奉遗言，谢绝一切赙赠花圈挽联香烛锭帛等项。"从讣告上的
话，想起夏氏生前差不多不与人通婚丧喜庆往来的俗套，由这一点可以看
出他是一个最真挚的人。

我与丏尊，说不上怎样深挚的友谊，但至少已经相识了二十二年，可
说是老朋友了。只因我辞去开明书店总编辑职务过早，不曾与他常在一
起；因此虽有二十余年的交谊，却终是维持着淡如水的君子之交。

记得最初与丏尊相识，是在民国十四年（1925年）。那时我们同在立
达学园教书。刘薰宇本来是教数学的，好像也教一班国文；《文章作法》
大约是在这时编成的。立达学园是一所特殊的学校，名称就特别，称为学
园，不称学校。这是一般热心教育的人办的，要造成一个理想的学校，所

以许多教员都在别的学校兼课，不但不受立达的钱，反而"倒贴"钱给学校，例如匡互生卖掉他的田地，丰子恺卖掉他的房屋，这种精神极可钦佩。师生住同样的寄宿舍，同桌吃同样的饭菜，这也是他处所没有的。当时丏尊在国文课中还兼讲一点文艺思潮。同事中如朱光潜、白采、方光焘、丰子恺、马宗融等作家都常相聚首。在我以前还有朱自清、陈望道等人。记得丏尊所译田山花袋《棉被》的原稿，在当时曾经很得意地朗诵几节给我们听过。据说一部分同学是在上虞春晖中学闹风潮，跟着夏先生一同出来的，由此可见他感人之深。

民国十六年（1927年）秋，我任开明书店总编辑，并受总经理章锡琛之托，约友人徐调孚、顾均正、钱君匋等也到开明来任编辑。这时夏先生编《一般》杂志，撰稿人大都是立达同事。他常到开明来玩。这年年底我辞去开明职务，专译柴霍甫短篇小说，夏先生便继我的任，差不多一直担任到现在。其间北新书局一度被封，夏先生曾来我家，约我再到开明去担任编辑，我虽婉辞谢绝，但对于他帮助朋友的盛意，至今尤为感激。

此后两年，即民国十七八年（1928年、1929年），我每月要到开明书店去交稿两次，即柴霍甫小说译稿，偶尔也与夏先生见面，但总是来去匆匆，不曾多谈。等我八厚册的《柴霍甫短篇杰作集》译完，改入北新书局任总编辑，与夏先生会面的机会就更少了。

不过，为了丏尊、均正和我都是儿童文学的译者，教育部小学课程标准委员会请我们三个人到南京去参加小学国语标准的修订，我们差不多好几个整天住在一个旅馆里，又同火车来去，这一次增进了不少的友谊。我在《文人印象》上说："学术的价值该以大多数人的需要为判断吧？我近六年来专研究中国的小说和戏曲，予同和高谊都说是钻牛角尖，这话真是不错的。像丏尊、圣陶那样，除创作外，就专门致力于文法和作文法，给了中学生作文和阅读时许多便利，可说是一种切近实际的工作。夏氏所著如《文章作法》，如《国文百八课》的文法部分，如《文心》的一部分，都显出他的致力所在。今后我虽对于旧情仍恋恋不忘，却要跟随夏、叶之后，尽心尽力地追逐我的新欢了。

"使我难忘的是一个漆黑的夜晚；希同送我到车站，我发现一个罗汉尊者一般的老人早已站在那里了，旁边还站着一位江南的漂亮青年，原来这就是夏丏尊和顾均正；我们三个人是约定一同到南京教育部去参加小学国语课程的修订的，沿途便这样地讲论着文法和作文法，一直讲到车子到南京，两旁的草树田亩以及远山城堞逐渐由模糊黑暗而变成清楚明晰。归途也是这样，我和夏、顾相对而坐，窗外的火星从一头吹来，我们的谈话也迸出一粒粒的火星，虽然这火星是微弱的，似乎已经想接近那被憧憬着的光明。

"让这个印象，永远留在我的脑子里吧，让我在此宣誓：我不想常在云端里做超人的神，我要做一个平常人，与大众生活在一起。"

此后，在抗战期间，陈望道组织语文学会，邀夏先生加入，在青年会和金城别墅见过几次面。一同列席的，除我以外，还有陈鹤琴、胡朴安等人。

民国三十二年（1943年）我在赫德路复旦大学教书，每每在亚尔培路霞飞路口等待二十四路无轨电车的时候，遇见夏先生。我们都坐三等，不是为了省钱，只是为了三等宽舒一点，面积大一点。他是到南屏女子中学去上课的。他知道我新近学习昆曲，有一次特地到我家里来，约我到南屏女中校长沈亦云女士家里去玩，还要我约朱尧文。那一天是10月6日，我便与尧文同去。尧文对于曲律音韵极有研究。那一天听曲的人除丏尊外，还有黄伯樵、《霜红词》的作者胡宛春以及曾孟朴的妹妹。沈女士和黄伯樵夫人亲自做蛋糕和饺子请我们吃，她们俩都是欧洲的留学生。当时是请朱传茗来拍曲的，沈女士习小生，黄夫人习老生（听说现在已改习旦角）。我唱了两节"访秦"，尧文唱了两节"闻铃"，我与尧文又合唱"折柳"，带说白。最后由主人沈女士唱"琴挑"，黄夫人唱"弹词"。

就在这一年，12 月 15 日清晨，夏先生与章锡琛、方洁、姚季琅和我的妻子等一同被日本宪兵司令部捕去，直到 12 月 25 日方才释放。夏先生因为年高，释放得最早。

民国三十四年（1945 年）11 月 1 日，我从安徽回到上海。丏尊曾为周煦良、傅雷所编的《新语》向我征稿，颤巍巍地走上三层楼，这时我已经感到他的身体不及以前健康了。想不到他这一次的来访竟是最后的一次。我一闭起眼，就仿佛一位慈祥的老人笑眯眯地眯缝着眼睛喊我"赵大哥"，有什么文艺上的意见，他总是谦虚地先等待着别人的批评，静静地谛听，这种态度也极可佩服。

夏先生的著作有散文集《平屋杂文》《文艺论 ABC》（世界版）、《文章作法》（与刘薰宇合编）、《文心》《文章讲话》《阅读与写作》（以上三书与叶绍钧合编），译文有田山花袋的《棉被》、亚米契斯的《爱的教育》、孟德格查的《续爱的教育》等。此外还有《国木田独步集》《芥川龙之介集》和小说月报号外《俄国文学研究》（商务版）。除注明出版处的以外，都是由开明书店出版的。

他的老家是在浙江上虞白马湖。我留有一张照片，就是朋友们到上虞去玩的时候照的。立在右侧的就是夏丏尊先生。挨次数过去是周予同、章锡琛、胡愈之和叶绍钧。锡琛后面是贺昌群，还有一位我不认得。

山源兄来信，要我写一文，纪念夏丏尊先生，"如能将其所有著译，开一详单，尤佳。"那么，我还是抄写一点资料吧。

《中国新文学大系史料索引》面二一六云："夏丏尊，译者，浙江绍兴人。曾主编杂志《一般》。主要译作为亚米契斯《爱的教育》，孟德格查《续爱的教育》及田山花袋《棉被》。短篇译作，多未辑集。"

《当代中国名人录》面一九八云："夏丏尊，浙江绍兴人，日本留学生，曾任国立暨南大学中国文学科主任。现任上海开明书店总编辑。有文学译著多种。"

　　《现代中华民国人名鉴》面七〇云："浙江省绍兴县人，日本留学。春晖中学、立达学园教师，国立暨南大学中国文学科主任，上海开明书店总编辑。中国文艺家协会理事。译有《蒲团》（田山花袋）、《爱的教育》等。"（《人名鉴》是日文，由日本外务省情报部编纂，东亚同文会发行）

　　据我所知，可补上列三书之遗者颇多。例如：夏先生一名勉旃，与丏尊音近，文学研究会会员，数年前曾任南屏女子中学国文教员。开明书店所出《国木田独步集》和《芥川龙之介集》虽不是他一人所译，但他所译的实在不少，也可以算是他的译文。《平屋杂文》恐怕是他唯一的散文集。他在世界书局还出过一本《文艺论ABC》，后来与我的《文学概论》一同编入《文艺讲座》。

　　有人说，他对于文艺界的贡献倒是教育界来得多些，那或者是指他在国文教学上面的贡献吧。他与刘薰宇合编的《文章作法》可说是好销书，此外如《文心》《文章讲话》《阅读与写作》等书都是与叶绍钧合编的，给了中学生不少的益处。他编辑《中学生》杂志时间甚长，好多文章作法一类的文章都是先在这刊物上发表的。他还编有《开明初中国文教本》和《国文有八课》。《文心》写作的方法颇为别致，是用故事体来写的。最近报载他编有小字典，已工作了十余年，尚未完成，临终前两天托叶绍钧代为完成。还听说他曾翻译佛教的南藏经，也不知已译了多少。胜利后他曾为《新语》写过几篇文章，或者将未出单行本的零星文字搜集起来，能够出一本遗著吧。

　　五四运动以后不久，夏丏尊先生就在《民国日报》上常有著译发表。民国十年（1921年）《小说月报》号外《俄国文学研究》上，夏先生就有三篇译文；白鸟省吾的《俄国的诗坛》、西川勉的《俄国的童话文学》和克鲁泡特金的《阿蒲罗摩夫主义》，这三篇似乎也不曾重行辑印起来。西川勉的一篇，我曾录入《童话评论》，孙俍工的《新文艺评论》或者也采录了一两篇吧？

忆开明 怀夏师

杨荫深

　　开明书店创建于 1926 年，那时我还在上海美专念书，赵景深先生担任该店编辑，我曾将一本《平剧戏目汇考》稿子送去。他回答我信说，此稿颇似日本波多野轻的《支那剧大观》，但开明不能出版。从此我就结识了赵先生，相交了六十年。后来赵先生到北新书局去了，新来的是夏丏尊先生。他是我中学时的国文老师，因此我与开明书店的关系就更密切。

　　开明书店专出中青年的读物，向受中青年读者的欢迎。后来出版大部头书，如影印《二十五史》及编印《二十五史补编》，对史学界贡献极大。特别是《二十五史》，当时以三十六元低廉的价格，能买到普通至少需要一百多元才能买到的史籍，更是难能可贵。它厚装九大册，翻阅既很方便，携带更不困难。它几乎成为我毕生常带的书籍，目下还在翻阅之中。本来还要翻印《太平御览》等书，可惜"八一三"战争爆发，从此停止。固然商务、中华也出了不少的大部头书，但他们从来不会替贫苦的读者着想。如商务的《百衲本二十四史》，好固然好，但定价高到二三百元，除供有钱人家作摆设外，哪个青年读者能买得起这部书呢？从这一点看来，开明出书，可以用现在的话来说，真正做到了为读者服务。

　　我本在浙江省立第四师范学校念书。1924 年，学制改革，中学与师范合并，并分为初中三年、高中三年。名称合并为浙江省立第四中学，校长为经亨颐先生。他聘请的教师多是当时著名的人士，除夏丏尊先生为我们国文老师外，又请朱自清先生教科学概论，刘延陵先生教社会学等。我在高中师范科二年级。夏先生第一天上课的时候，就自我介绍说："我叫夏丏尊。但有的人当我是夏丐尊，那也没有关系，做做叫花子头脑，有什么不可呢？"大家听了，都觉得这位先生真是宽宏大量，毫不计较。

他对待同学总是循循诱导，从来没有疾言厉色。讲课时一向不坐在讲台上，总在台下走来走去，使大家都能听到。他不用教科书，自选文章印成讲义。作文课时专讲作法，后来就与刘薰宇先生合编成了《文章作法》，在开明出版。

那时他除四中以外，还到上虞白马湖春晖中学去教书，所以每星期都要来去一次。大约一年之后，学校撤换了校长，夏先生便不来了，我也在那时转到美专念书。不想第二年经亨颐先生来任美专校长，我就在那年毕业，真是巧极。夏先生那时在开明，我经常去拜访他。那时我还没有找到工作，生活很不安定。他总是勉励我，并说："陈望道在编《太白》，你可写些东西，我替你送去。"可是我不会写散文，而且它登的都是名家作品，所以有负夏师的期望。

但夏先生这一题目出得好。我有一次到开明去，对夏先生说："让我为开明写一本稿子吧！"夏先生倒一点不觉为难，爽然地说："好吧！你只管把稿写了寄来！"我想夏先生从来不说应酬话，这话是真的，我不妨去试一试。

写什么呢？开明出的大多是中青年的读物。我既不会写小说，又不会写散文，更不搞论著。而且这次只许成功，不能失败。万一使他有些为难的话，我就对不起他，使他无法交代，我也自讨没趣。

想来想去，我从老师翻译的《爱的教育》中着手，这是一本为广大青少年所爱读的读物。我从中改编它一些，也一定为读者所欢迎。于是我就把书中每周例话中所讲的爱国故事，编成几个剧本，定名为《少年英雄》寄了去。

一星期以后，夏先生回信来了，认为稿可采用，要我前去办个手续。我去了以后，夏先生就拿出一份版权契约，教我签字。但需要一个中间人，恰巧徐调孚先生在门前走过，夏先生就喊住他，请他签字，他一口就答应了。于是手续齐备，就付我稿费。这样一本小小的书稿，夏先生竟亲自出马，为我办理手续。此情此景，使我永远难忘。

可是不久，抗战开始，夏先生在上海历经敌伪的压迫，生活上的困苦，抗战胜利后又目睹国民党的腐败，终于在 1946 年 4 月病逝。我事前一点不知道消息，以致没有一次去拜访过。直到大殓时候，我奔到殡仪馆向他遗体告别，眼泪不觉涔涔地下来了。夏老师，永别了，我永远不会忘记你对我的谆谆教导！

丏翁和叶老

范 泉

丏翁和叶老，都是开明书店的负责人。他们都是我文学道路上的引路人。

我和丏翁认识，是经《鲁迅全集》的发行人黄幼雄先生的介绍，时间大约是在 1944 年初。

从 1940 年 12 月起，在内山完造先生的推荐下，我开始翻译了日本小田岳夫的《鲁迅传》。《鲁迅传》的作者小田岳夫，虽然在鲁迅逝世几个月后，到上海法租界霞飞路 (今淮海路) 霞飞坊六十四号鲁迅先生的家里访问过许广平先生，但是由于他对鲁迅先生的认识不深，调查研究工作做得不细，加上当时有关鲁迅先生的研究、考证、回忆录等参考资料发表的不多，占有材料不够，有很多地方写得与实际情况有出入，开掘鲁迅先生的思想境界也比较肤浅。但即使如此，内山先生还是推荐给我，让我翻译，认为今后给创作鲁迅传的作者多少可以作为借鉴。

1944 年初，《鲁迅传》的译稿在经许广平先生阅读、并遵照她的书面意见做了修改以后，由黄幼雄先生介绍，连同原著一起，交给丏翁，请他对照原著，从译文上，并从原著的一些叙事方面，订正错误。当时我也同去。只见丏翁把译稿和原著略加翻阅，便毫不迟疑地一口应允，还热情地接待了我们。大约过了两个月光景，我第二次去看望丏翁。他像见到一位熟识的老朋友一般，很高兴地和我握手，招呼我：

"啊，你来了！译稿我已看过。我们开明书店今后可以出版。"

等我坐定以后，他具体地说明了这部书的优缺点：优点在于简明扼要，缺点在于有不少因为是外国人的观点，说得似乎不够恰切。然后他亲切地指出我译文的一个毛病：

"有些语句，得意译。不能完全直译。意译了，反而能够表达原作的精神。"

他随便翻阅原著，念出原文，举了几个例子，给了我很大的启发。他指出的毛病，正是我长期来十分苦恼而没有解决的问题。自从上海沦陷以后，我长期失业，开始了文字翻译工作。我曾翻译过川端康成的《文章》、岛崎藤村的《断片》，过分地以忠于原著为教条，对一些含义复杂、语法结构极其烦琐的语句（有些语句甚至不符合语法规律），总觉得很难用汉语来表达得完善，事实上也的确处理得不好。经他这一指点，使我豁然开朗。此后我又翻译了朝鲜作家张赫宙的《朝鲜风景》和《黑白记》，就按照丏翁的教导，不仅突破了不少难点，而且还大大加快了翻译的进度。

拙译《鲁迅传》的出版，已经是在日本投降以后的 1946 年 9 月。当徐调孚先生把我的译稿和清样派人送来，并附信要我最后校读一遍时，丏翁已经病逝。但是当我打开纸包，把我的译稿一页一页地看去，赫然呈现在我面前的，竟是丏翁不止一处地代我修改的手迹！这使我回想到 1944 年第二回看望丏翁时的那次教导。他指出我译文的毛病，却为了避免我丧失信心似的，没有把译稿退还给我，而是由他自己耐心细致地一一修改。这要花费丏翁的多少时间和精力啊！丏翁教导我的，不仅是他的诲人不倦、扶持后辈的精神，而且还有这种一丝不苟、认真负责的工作态度。但正是这样一位淳厚的长者，我再也不能亲聆他的教诲了。我禁不住感动得热泪盈眶，终于在译本的扉页上，写下了"谨以此书献给夏丏尊先生"的几个大字，并在下面写了四行小字：

> 我流了感激的眼泪，翻看着留在
> 译稿上的夏先生的手迹。想不到
> 这个集子出版的时候，夏先生已
> 永远不再和我们见面了……

认识丏翁是在沦陷了的上海，认识叶老是在胜利后的上海。

那时我在一家书店里工作，和叶老工作的开明书店，相距不过数百步，因此常有见面和联系工作的机会。特别是为了推荐一些新人的作品，他经常写信给我。为了约请他写稿，我也常到他书店，有时到他家里，他总是热情接待，有求必应。《一千五百种现代中国小说和戏剧》的编写者善秉仁来到上海的时候，我和叶老都参加了茶聚，并合影留念。一起参加茶聚并合影留念的，还有徐调孚、梅林、孔另境、臧克家、赵景深、唐弢、罗洪、朱雯等。到上海将近解放前的一段时间，白色恐怖更加严重，几个进步期刊的编辑人，经常到星期六晚上，轮流充当东道主，每次约在跟上次不同的地点，秘密聚餐，相互交换一些有关解放战争和文化艺术界意外遭遇的信息。参加秘密聚餐的，有《中学生》编辑叶圣陶、徐调孚，《世界知识》编辑冯宾符，《观察》编辑储安平，《文艺复兴》编辑郑振铎、李健吾等。我是《文艺春秋》月刊的编辑，也参加了聚餐。记得有一次，大约是在1948年12月中旬的一个星期六晚上，当我们的聚餐已经开始了一段时间以后，只见气喘吁吁的储安平才从外面赶来，向大家打招呼：

"真是对不起，我迟到了！"

接着他坐下，边吃边谈，很风趣地讲述了如何把两条国民党特务的尾巴甩掉的经过。他熟悉北四川路(今四川北路)一带的饮食商店。他从一家饭馆的前门进去，后门出来。后门的弄堂两头各通一条马路。他是从另一头出来，跳上三轮车，赶到我们聚餐的地点的。大家听了议论纷纷。当时坐在储安平左侧的叶老，就很冷静地分析三点：一是"特务盯梢"，肯定不自今日始，一定是早已跟踪了，可能自己还不觉得；二是他们跟踪的目的，不是要立刻动手暗害，而是要清查"同党"，等待时机，一网打尽；三是既已成为"盯梢"的目标，家庭的住处也一定被监视了，希望今晚不要回家，另找住处，而且今后最好也不要回去。

储安平听了叶老的话，再也没有回家。

1948 年 12 月 25 日，当《观察》周刊出版第五卷第十八期的时候，国民党特务终于下毒手，封了周刊社的门，逮捕了社里的工作人员，把已经发行出去的《观察》第五卷第十八期，从街头的报摊上没收了。一位潜逃出来的编辑悄悄地到我工作的书店来看我，告诉我被查封的经过。因为我在这最后一期里写了一篇歌颂解放区劳动妇女当家做主的小说《人像》，他从怀里取出两本，送给了我，还带着歉意似的说：

"稿费再不能付了。"

我非常激动："别这么说！——我又不是为了稿费写的。"

接着我问他现在打算怎么办。他迟疑了一会，看看四周没有人，便小声地告诉我说：

"跟储先生一起走，离开上海。"

原来他已经跟储安平联系上了。

事后获悉：被逮捕的那位同志，后来竟被国民党特务杀害了，而储安平却听了叶老的话，终于离开了上海，平安地到达了已经解放了的北平城。

此后叶老也离开了上海，转道香港前往北平。

1958 年，由于众所周知的原因，我也离开了上海，但是我没有去北平，而是来到青海的一个山沟里。21 年过去了，在我消磨了整个壮年时期以后，党的十一届三中全会的光辉终于照耀到我的身上，使我获得了新生，得到了平反和改正。21 年来，我总是过着挨整和被人嫉视的生活。人们看见我，就像看见一个麻风病人一样，不敢接近我。在和别人一起走路的时候，熟识的人们也总是对我视而不见，他们点头或招呼的，是和我一起走路的人，而决不包括走在他旁边的我。长期来我当基建仓库的保管员、拉运砖砂的押运员、司机招待员。一座座楼舍建成了，可是那些阶级斗争挂帅的"首长"们，总是把新建的住房分配给不搞基建的干部住，让搞基建的我一直住在远离工作地点的喇嘛寺里，和喇嘛住在一起，连喝一口水，也得从几丈深的井里，使用全身的力气吊起来，然后凭借自己的双肩，担到几丈高的崖岸上。多么艰难的生活呀，多么卑微的人生！而正是这种长期来的自卑感，统治了我的思想，使我在平反改正以后，仍然满腔踌躇，不敢也不愿把我自己的遭遇告诉别人，特别是一些文艺界的老前辈。"他们早已把我忘记了，我又何必去打扰他们呢"，我常常这么想。1980 年，由于我任教的大学校长要我主编一个语文刊物，这才促使我鼓足勇气，尝试写了一封给叶老的信，询问他有关语文教学方面的问题，同时倾诉了我多年来的遭遇。从 1948 年 12 月到 1980 年 6 月，整整 32 年过去了，叶老还能记得我吗，我有些疑虑，甚至有些忐忑不安。我在写给他的信里，一开头就提出，不知道还记得记不得我。

"我还记得您。"

叶老回信的第一句话就是这么说。

这是一句多么亲切而热情的话语呀！它温暖了我的心，鼓舞了我生命的活力！

自从我来到青海高原的二十多年来，早已和文学告别，更从来不敢存在有谁还会记得我的奢望，更不要说像叶老那样文艺界的老前辈还会记得我。叶老不仅亲笔复了我的信，而且还不顾割除胆结石后体力不济、视力极度衰退的实际困难，写了五百多字的几页长信，并安慰我："读所叙种种，不胜叹惋，幸恶梦已过，尊怀旷达，殊为欣慰。"

　　这是一位淳厚的长者发自肺腑的声音。

　　而正是在叶老的鼓舞下，我又重新走上了涂写文艺习作的文学道路。

　　应该说：丏翁和叶老，都是在我十分关键的时刻——在我长期失业、开始翻译遇到困难而十分苦恼的时候，在我从一个恶梦醒来还不知道应该怎样走的时候，亲切而热情地指点了我，鼓舞了我，使我思想上豁然开朗，进入一个新的境界。

　　他们都是我文学道路上的引路人。

丏尊师和开明书店的科学读物

贾祖璋

1934 年在陈望道先生主编的《太白》半月刊创刊号《科学小品》专栏发表文章的四位作者,很凑巧,都与开明书店有关。顾均正和贾祖璋是开明书店编辑,周建人(克士)和刘薰宇是开明书店的作者,而且在此以前和以后,也都一度在开明书店工作过。开明书店仿佛是科学小品的起源地,这与开明书店原本对通俗科学文章和书籍比较重视有关。

开明书店于 1926 年成立后,先后刊行《一般》和《中学生》两种杂志,与比较早刊行的《新女性》杂志,都经常刊载适于青年阅读的介绍科学知识的文章,作者便是刘薰宇、顾均正、周建人等。刘薰宇把逻辑性强、内容比较枯燥的数学写成既像故事又似讲话的生动活泼、趣味盎然、便于读者理解和领会的文章,很吸引人。顾均正在商务印书馆编辑《少年杂志》多年,所写关于物理和化学的文章都深入浅出,通俗易懂。周建人在商务印书馆主编《自然界》杂志时,就开辟《趣味科学》栏,专载内容比较生动的生物方面的文章。"趣味科学"可以说是"科学小品"或"科普创作"的原始名称。

开明书店的编辑业务是夏丏尊、叶圣陶、王伯祥、章锡琛诸位先生主持的。中小学教本和新文学作品(主要是茅盾的《子夜》,巴金的《家》

《春》《秋》等等）保证书店的经济来源。以中学生为对象，就语文、史地、科学等方面提供一些课外补充读物，便不计盈亏，只看是否需要。《中学生》杂志和《开明青年丛书》《开明少年丛书》，就是依据这样的意图而出版的。这两套丛书中的科学读物，数理化、天地生各方面都有。据记忆所及，数学方面，除了前面讲到的刘薰宇的著作以外，后来还有许莼舫的关于中算史的多本著作。物理和化学有顾均正的《科学趣味》，郑贞文等的《化学与我们》等。生物方面有克士（周建人）的《花鸟虫鱼》，陶秉珍的《植物的生活》，祝仲芳等的《昆虫的生活》，高士其的《细菌与人》，贾祖璋的《生物素描》等。另外，还有索非的《疾病图书馆》等关于医药卫生方面的书籍。现在六七十岁的老科学家、老文学家对这类读物，可能都还留有印象。

还有翻译读物，董纯才译的伊林的《五年计划的故事》《十万个为什么》等，顾均正、成绍宗分别翻译的法布尔的《化学奇谈》和《家畜的故事》，对读者有一定的影响。符其珣译的别莱利曼的《趣味物理学》《趣味天文学》等，内容充实新颖，科学性强，堪称是真正的趣味读物。

开明书店能够出版众多通俗浅显的科学读物，应与主持编辑业务的诸位先生对科学有一定的兴趣有关。特别是夏丏尊先生曾在日本东京高等工业学校肄业，与科学是有缘的。

夏丏尊先生是我的老师，应称丏尊师。过去的印象，丏尊师是教育家、文学家，也是精于日文的文学翻译家。最近阅读新出版的《夏丏尊文集·平屋之辑》，丏尊师也有通俗浅近、介绍科学知识、体例近似科学小品的三篇文章。据叶至善兄说，还有几篇没有收入呢。

这三篇写作于1932年、1933年和1934年4月。第一篇《人所能忍受的温度》，谈到有几种藻类和低等动物，能耐80摄氏度以上的高温，或零下120摄氏度以下的低温。（抗战期内，我也曾注意到这一类资料，后于丏尊师10年了。）叙述人对温度的感觉，在空气和水中并不相同。18

摄氏度的空气，人感到恰好，25 摄氏度到 28 摄氏度则感觉温暖，28 摄氏度以上便感觉热了。水，同样是 18 摄氏度，人却感觉很冷，至 29 摄氏度还觉得冷，35 摄氏度半以上，才觉得温暖，37 摄氏度半以上则觉得热。这样辩证地说明人对温度的感觉，现在看来，还有新颖之感。

第二篇是《蟋蟀之话》，从"以虫鸣秋"说起，详细叙述了蟋蟀的发音装置以及交配、产卵和发育过程，并且也已使用"若虫"字样，结合饲养，令人观察它的一切活动，科学性很强。

第三篇《春日化学谈》，分为日光、植物、动物和微生物四部分，说明植物的光合作用，动物冬眠和消化食物的机能，酵母菌的形态和生活及其酒精发酵的作用，文中提到"石炭（煤）总有干竭的一天"，"石油汽油也是有限的东西"，"能用人工制造的燃料，现在只有酒精"。在五十年后的今天看来，正是解决能源问题的途径之一。

丏尊师 1907 年因未能补得官费，就从日本回国。第二年任杭州浙江两级师范学堂通译助教。所谓两级即学校有优级和初级两部分：优级等于现在的大专班，聘有日本教师；初级等于现在的中专。1913 年，优级取消，改称浙江省立第一师范学校，丏尊师自告奋勇，担任舍监，负责管理学生。

1915 年，我考入浙师，丏尊师开始讲授国文，就教我们这一班。当时印发的选文教材，没有断句，更不分段。上课时丏尊师就随便指定一位同学读断句子。读错或读完了一段，指定另一位同学再读。全文读完，再指定同学分段讲解。同学们常恐点到名，读不断，讲不好，因而上课前总先认真预习。讲授的柳宗元的几篇游记，韩愈的《祭十二郎文》，苏轼的前后《赤壁赋》等都留下深刻的印象。

作文，丏尊师主张讲真话，少发空议论，不用套语，不用陈词滥调。要简洁明畅，要言不烦。文如其人，丏尊师对作文的要求，正是他诚挚直率的做人态度的表现。

1926 年前后，我开始写作关于鸟类和其他方面的通俗文章。丏尊师以《鸟类面面观》为题，嘱为《一般》杂志撰稿。后来我把零篇文章编成两本书，丏尊师给拟名为《动物珍话》和《鸟与文学》，并且为《鸟与文学》写了序文，对我的写作给了很大的支持和鼓励。

1932 年"一·二八"事变后，由同学傅彬然兄介绍，7 月间，我也进了开明书店，直到 1937 年"八一三"事变后离沪转赴内地，一起工作六个年头。其时我先后编写了小学自然课本，初中动物学、植物学教本，都承丏尊师阅读修改，保证了质量。

同时，我在业余撰写的《中国植物图鉴》，没有完稿即分批发排，一本一千六百多页的书，随编随排，经过三年工夫，得以刚巧在"八一三"事变前两个月出版，如果不是丏尊师和编辑部诸位先生的支持，这本书是难以出版的。

1945 年 12 月，我从内地返回上海，丏尊师已经卧病在床，还殷殷询问八年间在内地的生活情况。当时虽然抗战已经胜利，但时局依旧闷人。丏尊师经常悲天悯人，病遂加剧，翌年 4 月 23 日竟至不起。遗嘱火化，开风气之先。

怀念丏尊先生

钱君匋

《新女性》月刊社扩充为开明书店没有几个月，我就接受章锡琛先生的邀请，到店任事。那时开明还是草创时期，规模很小，没有设置编译所，但是夏丏尊先生却三日两头来店和章锡琛先生商谈出版计划。接着开明作做一步的扩大，成立了编译所，丏尊先生这才进店担任所长。于是我和他朝夕相共。在和这位长者的接触中，觉得他满腹经纶，为人正直，和蔼可亲。算起来，我们之间的年龄要相差将近二十岁，但在工作中一点也没有觉察到他是那么大的年纪，而我又是那么小的年纪，相互之间，好像是同学一般，无话不谈，不拘形迹，谁也不会对谁有什么隔膜，融洽得像鱼水。我在他的领导下，无论在做人上，在书籍装帧上，在音乐上，在写作上，都得到了教益，这是使我没齿不忘的。

有一回，我和索非几个人闲谈着对联，我说以前曾经听到过一副为理发店所写的对联：

> 虽为毫末生意，
> 却是顶上功夫。

大家听了说写得很好，丏尊先生凑热闹也来加入，说："我以前也拟过一副对联作为自况，联语是七个字一句：

命苦不如趁早死，
家贫无奈做先生。

和你们刚才所说的那一联，是不是一样描写了个中情况，技巧上的工整怎么样？"我们听了之后，一齐叫起来："好极了，妙极了！"后来丏尊先生还要我为他书写这副对子，但我自认为写得不够好，虽然写了出来，搁着没有交出去。无意之中，被他发现了，他说："写得不好不要紧，只要我欢喜，就不在乎写得好坏，作为纪念不是很好吗？"这一副对子就被他拿走了。

丏尊先生和弘一法师是莫逆交。弘一法师的书法造诣极深，为人所共仰。出家以后，常写与佛典有关的文字，与广大群众结缘。1929年丏尊先生在开明为弘一法师出版《李息翁临古法书》一书，其中所收的作品都是弘一法师在俗时所书的，此书后记由丏尊先生手撰。在付印前他特地找我商谈，要我来誊写这篇后记。我开始以字写得不好为理由而婉言谢绝了，但是他却非要我誊写不可。我在他诚挚的请托下，终于同意了。过了两天，为备选择起见，交了两份誊本，他过目以后，非常满意，赞不绝口，决定用我所誊写的印出来。不久，丏尊先生又来找我，说："这篇后记你誊写得很好，而且已决定用上去了，但经过再三思考，这后记我只撰不誊，是不恭敬的，法师见了一定会有想法，所以还是我自己誊写为好。你誊的两份，都写得很好，和以前那副对子一样，一份给我作为纪念，一份你留着，好像《双珠凤》里的两只珠凤那样，分藏着吧。劳你费了许多时间和精力，实在抱歉得很！"

我 28 岁结婚。那年的初秋，因为我十分爱慕弘一法师的书法，趁此机会，想通过丏尊先生请求法师写一副对子，作为新房中的陈设。我把这个意图和丏尊先生说了之后，他迟疑了好一会，和蔼地笑着说："君匋，这可不行，不能把和尚的字换酒肉吃，张挂在新房里更不妥当，是不是不要请他写了吧？"我万万没有想到会得出这样一个结论，还是顽皮地坚持着请丏尊协助。他看出我迫切的要求和爱慕的程度，想了一下说："有了，你爱慕法师的字，我是理解的。既然这样，让我回家找找看，如果旧藏中能找到一副对子，可以送你。这样，不是同样满足了你的愿望吗？"我真是喜出望外，连声道谢。第二天上班不久，丏尊先生把双眼眯成一条缝，微笑着走到我的座位旁，随手把一副法师手写的对子放在我的桌上说："君匋，你的愿望达到了，这副小对本来是法师写给我的，现在把它转送给你，不作为婚礼。我还题了一行小字，你打开来看吧！"我迫不及待地、如获至宝地把它打开，只见是一副用北碑笔法写的五言联：

一法不当情，
万缘同镜象。

下联的左边有一行题记是："丏尊居士。己未八月，弘一，演音客灵苑。"还用了一方朱文印"弘一"，真是精到极点！丏翁在上联右边的题记是："君匋思得弘公法书，检旧藏赠之。癸酉秋日，丏翁记。"也钤了一方朱文"丏翁"的印，这方印还是我以前替他刻的。真有意思。丏翁、法师和我三人的手迹都聚集在这小联上，正好说明我们三人之间的友谊。岁月过得真快，匆匆已经半个世纪，今天丏尊先生、弘一法师早已作古，健在的仅剩下孤零零的我了！写到这里，我的心跳得可厉害！我不禁强烈地思念着他俩，泪水也潸潸而下了！

这副宝贝对联，在十年动乱中被抄走了，幸亏在 1984 年重又回到我的手中，好像有神护着似的。当时有许多朋友知道这个消息，要来一观的着实不少，也有人为了我重得此联而为文在报上报道的，真是一件韵事！

第 六 章

忆往追昔：
永远的先生

先生归来兮

怀念祖父

夏弘琰

　　1946年4月23日晚9时45分，祖父默默地离开了人世。临终的前一天，他沉重地对他的挚友、亲家叶圣陶说："胜利，究竟是谁的胜利！？"表露出了他对民族兴亡、国家盛衰的深切关注。弥留之际，祖父仍然忧国忧民忧家，痛苦地思索着国家的前途，民族的命运。当然，他也知道，光明最后终将到来，胜利必将是属于人民的。

　　祖父毕生致力于语文教育和文化出版事业。虽然他没有创立过什么系统的学说，出版过多少惊人的巨著，但是他用他那炽热的感情，一丝不苟的精神，造就了许多有用的人才；用了他独立不倚的人格，感化了多少青年的心灵。不久前，当我拜访当年浙江一师、长沙一师、春晖中学、立达学园、南屏女中、暨南大学的一些师生时，谈到当年祖父严谨的教学和生活管理作风，他们都说丏尊先生既是严师，又是慈母。特别是在浙江一师的十三个年头里，祖父既是该校日本教员的通译，又是管理学生生活的舍监。他立足于爱的教育，管教学生是为了爱护学生，同学们既怕他，又爱他。这就是他后来发表的《文心》《文章作法》等著作中体现的思想的雏形。

　　也许由于天性的特殊，祖父有不少怪脾气。他最不喜欢穿新衣服，差不多一年四季总是穿着那几件半新不旧的蓝布长衫。也很少修脸刮胡子。母亲告诉我，为着这外观上的原因，引起过不少误会和笑话。当然，祖父也有最喜爱的生活嗜好，那就是喝酒。沦陷的时候，日子一天比一天难过，靠着开明书店的一点薪金，养活我们全家十来口是相当艰难的。特别是父亲和大姑母先后病故，困难加家丧，家庭经济更加拮据，祖父只能抽最起码的雪茄，但是每天晚上还是要喝几杯酒。在我的记忆里，他喝酒时往往是沉默不语，还常常叹气，当然偶尔也有说说笑笑的时候。他不愿对别人诉说内心隐藏着的痛苦，他把自己的抑郁、愤懑和希望消融在酒杯里。碰到他高兴的时候，也让我们一起喝，分享他的高兴！

　　祖父在白马湖静卧了 30 多个年头。隔岸就是他当年执教的春晖中学，现在是浙江省的重点中学。他所热爱并为之奋斗终生的教育事业，受到了党和国家的重视。祖父啊！你可以宽慰了，愿你在祖国美丽湖山的怀抱中安息吧！

捧着一颗心而来 不带半根草归去

——怀念祖父夏丏尊

陶行知先生生前有两句名言："捧着一颗心而来，不带半根草归去。"陶先生这两句话，当时是对青年学生应如何做人的期望。我很喜爱这两句话，感到以这两句来形容我祖父，虽不能全面概括他的一生，却可以真切地说明他的品德和为人。

捧着一颗心而来。祖父不畏强暴，对腐朽的反动统治，有强烈的反抗精神。1919年，他在浙江省立第一师范任教，在五四运动的影响下，祖父被称为"四大金刚"之一，向旧的教育制度宣战，而对青年学生，则充满爱护之情。上虞县党组织早期负责人、原浙江第一师范学生叶天底，"四一二"后被捕，祖父曾写信给当时教育部次长刘大白，希望救助。营救未成，叶天底同志英勇就义，祖父十分悲痛，曾气愤地说："宁愿早死，莫做先生。"愤然回乡，从事翻译研究工作，反映了他追求真理、爱护革命青年的赤子之心。

祖父对人对事，充满着关怀和同情。日军侵占上海时，他留在孤岛，他忧国、忧店、忧家、忧人。他对敌伪统治十分憎恨，整天长吁短叹，担忧国家的兴衰与存亡；面对卖国文学盛行、出版书刊困难，担忧开明书店的发展前途；对物价飞涨，货币大幅度贬值，担忧家庭日常开支难以为继。他对学生的学业和毕业后的出路，更像慈母般的关怀和担忧，因此学生也十分感激他，敬爱他。当时他在南屏女中任教，经常穿着一件旧蓝布长衫，挟着白布包着的书籍讲义，轧着三等电车去讲课。学生十分尊重爱戴他，想给他做一件新长衫，但知道按他的性格如直接提出，肯定会遭到拒绝，就以演戏做道具为借口，向他借用长衫，以后归还时，包袱里一件是按原尺寸做的新长衫，一件是洗烫得干净平整的旧长衫。这件事情虽小，但不少事情往往是细微中见真情，反映了真诚可贵的师生情谊和师生间纯洁的心。

祖父的爱情品德十分高尚。我祖母是一个不识字的家庭妇女，而祖父是一个文学家，如按当前有些青年选择对象的所谓标准和条件，要长期融洽地生活在一起，简直是不可想象的。祖父和祖母结婚后，恩爱和谐，白首到老。结婚四十周年（按国外习俗称为"羊毛婚"纪念）时，祖父和不少好友聚会庆贺，饮酒赋诗十二首，曾以《夏丏尊羊毛婚倡和诗》为题，刊于《万象》杂志，反映了祖父忠实于爱情的心。

祖父对祖国无限热爱，有崇高的民族气节。抗日战争爆发，日军侵占上海，因祖父留学日本，在广大读者中又有较高声望，日本当局多次要他出面写文章，遭到拒绝，就出动宪兵来寓所逮捕，祖父从容镇静地穿上旧大衣，告别家人，慢步踏上警车。在审讯时，日本人用日语提问，并强令用日语回答，祖父坚持用汉语回话，维护了民族尊严，反映了可贵的民族自尊心和热爱祖国之心。

1946年4月23日，祖父虽等到了抗日战争胜利，但看到国民党接收大员的丑恶行径，从满怀希望转为悲观失望，在贫病交迫下，过早地离开了人间。他在病重时，一再嘱咐遗体火化。在40年前上海实行火化，既无相应的设备，又很少有人自愿，可谓破旧俗的先行者。我们按祖父的愿望，在龙华一座简陋的火葬场火化，骨灰葬在他长期从事写作和居住的白马湖"平屋"后山坡上。祖父逝世后，除几橱书之外，家中一无长物，"不带半根草归去"，对祖父确是个真实的写照。

祖父逝世后，当时中共上海办事处送了花圈。重庆《新华日报》发表社论《悼夏丏尊先生》。社论说："丏尊先生数十年来，努力文化运动和民主运动，曾建树不可磨灭的功绩……先生于 1943 年被敌伪逮捕，迫其屈服，但先生在威胁利诱之下，正气凛然，屹然不动，贫贱不能移，富贵不能淫，威武不能屈。"对祖父的一生，作了应有的评价。

长者丏翁

柯　灵　杨幼生

　　五四新文学运动崛起的时候，出现了不少先驱的人物。鲁迅、郭沫若、茅盾、郑振铎、叶圣陶……璀璨晶莹，组成了绚丽多姿的星空。而我们今天要纪念的夏丏尊先生，也正是其中的一位。

　　丏尊先生和鲁迅先生有某些相似的经历，他们都曾留学日本，回国以后，都曾在杭州浙江省两级师范学堂任职任教，两人而且是同事。但鲁迅后来弃教，专门从事革命文学工作；丏尊先生则在从事文学活动的同时，始终没有离开教育战线。毋宁说，他是把教育与文学结合了起来，即使在办刊物、负责出版编务的时候，始终没有忘记教育，没有忘记通过刊物和出版物培养文学青年。《一般》《中学生》《月报》《文心》（与叶圣陶合著）、《阅读与写作》《文章讲话》以及翻译的《爱的教育》等等，处处凝聚着先生的心血。鲁迅以革命思想唤醒千万个青年。先生则从为人的基本做法上培育了无数青年。先生一生，长者的形象多于革命者的形象。

　　然而，先生正直。他是非严格，爱憎分明；他威武不屈，贫贱不移。五四运动时，他在浙江一师和陈望道、刘大白、李次九是支持新文化运动，革新语文教育的"四大金刚"；文学研究会成立，他是第一批会员。这都使他跻身于先驱之列。1927年蒋介石叛变革命，大肆捕杀共产党人，他曾以开明书店为掩护，救助过一些革命青年。当有的青年救助未成，终遭杀害的时候，他心情十分沉痛地说："宁愿早死，莫做先生。"并愤然回乡从事翻译研究工作，以示抗议。1937年，"八一三"抗战爆发，开明书店酝酿内迁，他因年老多病，留守上海，虽处在侵略者鼻子底下，敌人还一度逮捕了他，进行威胁利诱，他却始终坚贞自守，抱定"悲欢磨得人偕老，福寿敢求天予全"的决心。抗战胜利了，他又很快看穿蒋介石与民为敌的本性，第三个月就写出《好话与符咒式的政治》杂文，说"目前的""为政者所发表的政见并非不好听，所颁布的文告也着实冠冕堂皇，若论其效果，大半不甚可靠，犹如好话与符咒一般。"他离开人世，正当黎明前最黑暗的1946年，他自己处在贫病交困之中，他临终前念念不忘抗战的"胜利！到底啥人胜利——无从说起！"所有这些都表明：丏翁虽是文人，却不一味埋首书本；虽是长者，却温良而不失锋芒，谦让而弥坚操守，多可尊敬的前辈哪！

教育家的夏丏尊先生

朱自清

夏丏尊先生是一位理想家。他有高远的理想，可并不是空想。他少年时倾向无政府主义，一度想和几个朋友组织新村，自耕自食，但是没有实现。他办教育，也是理想主义的。最足以表现他的是浙江上虞白马湖的春晖中学，那时校长是已故的经子渊先生（亨颐）。但是他似乎将学校的事全交给了夏先生。是夏先生约集了一班气味相投的教师，招来了许多外地和本地的学生，创立了这个中学。他给学生一个有诗有画的学术环境，让他们按着个性自由发展。学校成立了两年，我也去教书，刚一到就感到一种平静亲和的氛围，是别的学校没有的。我读了他们的校刊，觉得特别亲切有味，也跟别的校刊大不同。我教着书，看出学生对文学和艺术的欣赏力和表现力都比别的同级的学校高得多。

但是理想主义的夏先生终于碰着实际的壁了。他跟他的多年的老朋友校长经先生意见越来越差异，跟他的至亲在学校任主要职务的，意见也不投合；他一面在私人关系上还保持着对他们的友谊和亲谊；一面在学校政策上却坚执着他的主张，他的理想，不妥协，不让步。他不用强力，只是不合作；终于他和一些朋友都离开了春晖中学。朋友中匡互生等几位先生便到上海创办立达学园；可是夏先生对办学校从此灰心了。但他对教育事业并不灰心，这是他安身立命之处。于是又和一些朋友创办开明书店，创办《中学生》杂志，写作他所专长的国文科的指导书籍。《中学生》杂志和他的书的影响，是大家都知道的。他是始终献身于教育，献身于教育的理想的人。

夏先生是以宗教的精神来献身于教育的。他跟李叔同先生是多年好友。他原是学工的，他对于文学和艺术的兴趣，也许多少受了李先生的影响。他跟李先生在杭州省立第一师范学校同事，校长就是经子渊先生。李先生和他都在实践感化教育，的确收了效果；我从受过他们的教的人可以亲切地看出。后来李先生出了家。他虽然到底没有出家，可是受弘一师的感动极大，他简直信仰弘一师。自然他对佛教也有了信仰，但不在仪式上。他是热情的人，他读《爱的教育》，曾经流了好多泪。他翻译这本书，是抱着佛教徒了愿的精神在动笔的，从这件事上可以见出他将教育和宗教打成一片。这也正是他的从事教育事业的态度。他爱朋友，爱青年，他关心他们的一切。在春晖中学时，学生给他一个绰号叫作"批评家"，同事也常和他开玩笑，说他有"支配欲"。其实他只是太关心别人了，忍不住参加一些意见罢了。他的态度永远是亲切的。

夏先生才真是一位诲人不倦的教育家。

读丐师遗札

丰子恺

丐师逝世后，开明书店拟为出纪念刊，向我索取从前丐师给我的信件。我原有一大包"纪念品"，是师友们给我的值得保留的信件等物。内有丐师来示不下十余通。这一大包，一向郑重保存。胜利后半年，我决意卖屋，准备东归时，为使行李简洁化，把这一大包纪念品加以清理，抛弃了一大半。丐师的信，只留抗战最初时一封，及论画一封，其余的都抛弃了。以前我郑重保藏，是防丐师在战时死去。胜利之后，眼见得不久可与丐师见面，倘再保存这些信件，我想，反而不祥，就把它们烧了。谁知相差两个月，竟不能再见一面，使我今日后悔无及！烧去的信件中，所谈大都是一时琐事，不能尽忆。但记得：抗战后期的一封信内，夏先生说，他近来吃"扁担饭"。即每日上午吃了一餐，跑去办公，下午回来再吃一餐，一天的食事就完了。这话现在想起了倍觉伤怀！又胜利后不多时给我一信，内言：战后交通与生活，一定困难。你故园尽毁，而沙坪坝倒有小屋，不如暂断归念。"暂断归念"四个字，当时在我颇觉逆耳。我已归心如箭，正漫写"即从巴峡穿巫峡，便下襄阳向洛阳"的诗来分送朋友，读到这四字，好比被浇一桶冷水。心想：夏先生好煞风景！谁知后来，复员一天困难一天，终于到了胜利后九个月的今天，我还搁浅在重庆。今日想起了夏先生那四个字，几乎感激涕零呢！

今天我把保存着的两封信寄给开明书店。读了一遍，颇有所感，就写这一篇感想。先把夏先生的原信抄录在这里：

其一

子恺：

去秋屡承寄画相慰，及后闻石湾恶消息，辄为怅惘。无可为君慰者，唯取《几人相忆在江楼》横幅张之寓壁，日夕观览，聊寄遐想，默祷平安而已。仆丧魄落胆者数月，近已略转平静，一切都无从说起，凡事以"度死日"之态度处之。弘一师过沪时，曾留一影，检寄一纸，藉资供养。（师最近通讯处：泉州承天寺。）斯影摄于大场陷落前后，当时上海四郊空爆最亟，师面上犹留笑影，然须发已较前白矣。不一，祝安吉。

丏尊

三月十日（廿七年——子恺注）

其二

子恺：

十月廿六日发航空函，收到已一星期。牵于校课，今日始写复信。劳盼望矣。关于绘画拙见，蕴藏已久，前函乘兴漫说，蒙采纳，甚快。委购画帖，便当至坊间一走，购得即寄，乞稍待。鄙意：中国人物画有两种，一是以人物为主的（如仕女、如钟进士、佛像等），一是以人物为副的（如山水画中之人物）。前者须有画题，少见有漫然作一人物者，后者只是点缀。其实二者之外，尚有第三种方式，就是背景与人物并重。此种人物，比第一种可潦草些（不必过于讲究面貌与衣褶），比第二种须工整些（眼睛不能只是一点）。第一种人物画，功夫不易，出路亦少（除仕女外，佛像三星而已）。第三种人物画，是有背景之人物，人物与背景工力相等，背景情形颇复杂，山水，竹石，房屋，树木，因了画题一切都有。大致以自然风景为最主要。由此出发，则背景与人物双方并重，将来发为山水，为人物，都极便当。君于漫画已有素养，作风稍变（改外国画风），即可成像样之作品。暂时试以此种画为目标如何？闻画家言，"枯木竹石"，为山水画之初步，亦最难工。人物背景，似宜以"枯木行石"为学习入手也。将来代选画帖，拟顾到此点。由漫画初改图画，纯粹人物和纯粹山水，一时恐难成就（大幅更甚），如作人物背景并重之画，虽大幅当亦不难。且出路亦大，可悬诸厅堂，不比漫画之仅能作小幅，十九以锌版印刷在书报中也。画佛千幅，志愿殊胜。募缘启事，当代为宣传。仆愿得一地藏像。今夏读地藏本愿经，有感于此菩萨之慈悲，故愿设像供养（尺许小幅），迟早不妨。《续护生画集》已付印，月底可出书。沪地尚可安居，惟物价仍高昂不已。米每石七十余元。青菜一角五至二角。肉二元余。舍下五人每月开销须三百元以上（娘姨已不用）。薪水本来无几，凑以版税，不足则借贷支撑。浙东不通如故，欲归不得。在上海也恐活不下去，只好不去想他，得过且过再说矣。烟，酒，瓶花，结习未除，三者每日约耗一元（一人）。酒每餐饮一玻璃杯，烟已吸至平常不吸之劣牌子，花瓶无一存者，以瓦茶壶插花供案头。菊花已过，水仙新起。此信即在水仙花下写者。率复祝好。

丏尊

十一月十五日夜半（廿九年——子恺注）

第二函是专为论画的。第一函中也说起画。夏先生给我的信，总有几句关于画的。这虽是为了我是画画的人之故，也足见夏先生自己对于画很有兴味。他自己不作画，但富有鉴赏力，论画颇多卓见。这第二函中所述，当时我极感佩。今日重读这信，觉得更有价值，可说是世界绘画倾向的一个预言。

夏先生的意思，中国有人物的画，原来只有两种，一种是以人物为主的，一种是以风景为主的，人物为点缀的。但他以为应该还有第三种，即人物与风景并重的画。这第三种绘画，在今日东西洋画界，的确很少。是应该有而尚未出现的一种绘画。

试回溯世界绘画史：不论东西洋，都是先有人物画，然后再来风景画的。先看中国，唐代以前的绘画，大都是人物画。据史传，汉武帝于甘泉宫画天地太一及诸鬼神像，又于明光殿画古烈士像。宣帝时，画功臣十一人于麒麟阁。元帝时设立宫廷画院，亦以人物画为主。画王昭君的毛延寿便是当时人物画家之一。明帝设画官，令专写经史中的故事，也是人物画。汉以后，三国魏晋六朝时代，知名的画家，曹不兴、张僧繇、陆探微、顾恺之，也都是人物画家。顾恺之的名作《女史箴》，至今保存在大英博物馆内。总之，六朝以前，中国纯是人物画。六朝以后，自唐代起，方才有不写人物而专写自然风景的山水画。这山水画从此发达下去，直至今日，常在发达的路上，不过进度快慢各时代不同而已。

再看西洋：18 世纪以前的画，纯是描写宗教题材的人物画。希腊时代的绘画失传，但观其人物雕像之精，可想见当时的绘画也必以人物为主。意大利文艺复兴期的画家，如辽拿独达文西[1]、米侃朗琪洛[2]、拉费尔[3]，所谓文艺复兴三杰，其作品没有一幅不是人物画，题材大都是《圣

---

[1] 今译作列奥纳多·达芬奇。
[2] 今译作米开朗琪罗。
[3] 今译作拉斐尔。

经》里的故事，如《最后的晚餐》《最后的审判》《圣母子像》等。此类题材，一直沿用下去，直至 19 世纪的初头。到了 19 世纪中叶，写实派、印象派兴起，西洋画界方始有风景画出现。这风景画又从此发达下去，直到现在，仍在发达的路上。

中国以唐代为界，划分人物画时代与风景画时代。西洋则以 19 世纪中叶为界而划分。时间迟早不同，而其顺序完全一致。故世界绘画，现在都尚在风景为主的时代。

夏先生所画的第三种画，我以为在将来必然要出现。而且已有小规模的先驱者，便是今日蓬勃发展的木刻画。优良的木刻画中，人物与其背景（风景）一样注重，一样写实，并无主客轻重之分。用木刻画的手法来描写的大画，便是夏先生所盼望的第三种画。这种画的出现，一定是在最近的将来，因为风景画发达到今日，已经烂熟，过熟，应该是蜕化的时候了。试看中国的山水画，千百年来，终古如斯，令人看得腻烦。而西洋的印象派、后印象派的风景画，浓涂大扫，至今也觉不新鲜了。世界绘画渴望一个新的转机。这回转向哪里呢？唯有人物风景并重的一路了。

从绘画哲理上看，这一路也是必由的。人类初生，最注意自己，及与自己同类的牛羊鸡犬等动物。初民的岩洞上的壁画，纯是这种，便是其证明。中国画、西洋画都是从人物画开始，又是其实证。要到后来，方才注意到周围的环境中的自然现象，于是有风景画。把人物画和风景画截然分开，是二元的。归并起来，成为一元的，便是人物风景并重的第三种画。这种画，在绘画哲理上看，实在是更进步的一种画。因为二者并重时，画家就把人物当作风景看，或把风景当作人物看。把人物当作风景看，叫作"艺术的绝缘"（Isolation）。就是屏除一切传统习惯，而用全新的直觉的眼光来观看世间，便不分这是人，这是山，这是水，即所谓物我无间，一视同仁的境界了。把风景当作人物看，叫作"艺术的有情化"（Personification）就是把感情移入于万象中，视山川草木为自己的同类，于是万物皆有生命，皆有情感了。绝缘与有情化，都是艺术的最高的境地。绘画不发达则已。如果发达，一定要走向这最高的境地。画家体会了这最高境地，所作的画就不分人物风景。这样，才能作出良好的人物风景并重的绘画。马路旁有叫卖"看洋画"的。他的箱中挂着画片，你给他钱，就可以向洞中窥看。伦敦大桥、纽约摩天楼、上海黄浦滩……人物也有，建筑也有，风景也有，件件都详细清楚。你说这不是人物风景并重的绘画吗？不，不，这是照相，或模仿照相而画的低级绘画，不是艺术的绘画。因为这里面只有客观的形象而没有主观的创意。用主观的创意来描写的人物风景并重的绘画，才是艺术品，才是夏先生所盼望的画。

夏先生第一封信中说起我的《几人相忆在江楼》。他说："无可为君慰者，唯取《几人相忆在江楼》横幅张之寓壁，日夕观览，聊寄遐想，默祷平安而已。"《几人相忆在江楼》这一句诗，实在就是夏先生所盼望的第三种画的最好的画题。故虽为遥念我而挂这画，同时也可说是为了这适合他的艺术趣味而挂这画的。此诗句中的要件是"几人"与"江楼"，正是人物与风景并重的一个画题。不过我那幅画没有成功，还是漫画风的，夏先生所盼望的，便是这画的"中国画化"。

陶渊明诗云："先师遗训，余岂云坠？四十无闻，斯不足畏。脂我名车，策我名骥。千里虽遥，孰敢不至！"我也想遵照夏先生的遗嘱，而勉力学习。

1946 年 5 月 14 日于重庆

夏丏尊先生

夏丏尊先生去世两周年了。编者屡次叮嘱我写些文字谈及他，用来贡献给《创世》的读者。传状人物不容易，传状知交尤其难。夏先生去世以后，我除了写过几句悼语以外没有写旁的文字，就是为此。现在却不过编者的厚意，勉强写一些，实在说不上传状，不过记下夏先生生平的一鳞一爪罢了。

夏先生名铸，字勉旃。改勉旃为丏尊，为避免当选的麻烦。那时浙江省有许多人想举他做省议员，他以为当那种省议员毫无意义，就在选民册上把"勉旃"改为声音相近的"丏尊"。这么一来，写选举票的都把"丏"字写成"丐"字，投他的票就全成为废票了。知道了他名字的来历，就可以明了他的为人。他始终无意于政治，生平没加入过政团或政党，只把教育认作他的终身事业。

他是浙江上虞人。祖上都是经商的，可以称得素封之家。到他祖父故世以后，家道渐渐中落。他从小就聪明，八股文作得很好，十六岁上做了县学生员，通常叫作秀才。那时正是变法维新的当儿，他知道作八股文没有出息，第二年就进了新式学校。后来又想到日本去留学，家里不能供给他费用，他只得向亲戚借了钱出去，到日本学的染织工业。不到两年，借来的钱用完了，只得停学回国。那时浙江两级师范请了日本教师，需要翻译人员，夏先生已经精通日语，就入校当翻译。这两级师范后来就改为浙江第一师范。他见到学生的国文程度不能有多大进步，以为这是国文教师不行之故，就自告奋勇，愿意充任国文教师。果然，一班学生经他指导，国文程度相当地提高了。他鼓励学生写作，向报纸杂志投稿，被发表的很多，学生的写作兴趣更加浓厚了。他又提倡思想自由，劝学生多看新书，不要死捧着几本课本了事。五四运动前后推动新思潮的，北方推北京大学，南方就数浙江一师。夏先生和刘大白、李次九、陈望道三位先生被称为浙江一师的"四大金刚"。因为这样，就引起了许多守旧分子的妒忌和反对。适逢一师的学生施存统（即施复亮先生）作了一篇《非孝论》，那些守旧分子就抓到了把柄，说一师学生思想过激到这般地步，都该由教师和校长负责。"四大金刚"和校长经子渊先生终于都离开了一师。

上虞有位富翁陈春澜先生，他私人捐资创办一所春晖小学，后来又扩充为中学，在上虞乡间白马湖地方新建校舍，罗致名师，规模相当宏大。那时就聘经先生当校长，聘夏先生为教师。夏先生觉得白马湖有山有水，清静空旷，环境很好，就在学校近旁造了一所平屋，想终老是乡。他还有一种想法，要把春晖办成全国的模范中学，招集多数学者，一面教育青年，一面研究学问，从事著作。每个教师的教授时间定得很少，薪水数目定得很低，用著作的稿费和版税作为生活费的补助。欣羡他这种理想的人一时很不少，因此大家都知道春晖中学是浙江的优良学校。后来因为经先生兴趣转变，从事政治活动，和他的意见不合，这就使他离开了春晖。

离开了春晖，他想自己办学校，自己办的学校可以实现自己的理想。他与同志匡互生、刘薰宇、周为群几位先生就在上海办起了立达学园。所有教职员全是同志，一致抱着献身教育的志愿。各人把能做的事尽力地做，把能教的课尽量地教，无所谓薪水，每人每月只取零用费二十块钱。为什么不称学校而称学园呢？他们的办法的确与他校不同，他们不管通常的学校规则，只重在启发思想，陶冶情感。学生譬如花木，学园就是他们的自由园地。学园最初租的市房，不久，他们尽力设法，在上海近郊江湾租了一块地，建筑起校舍来。后来又在南翔设置了一个农场，民国二十一年"一·二八"以后，就全部被毁了。

立达当时一班同志都是穷朋友，二十块钱的零用是不够生活的，所以须在他校兼课，夜间还要写文稿，靠稿费做补贴。这是辛苦异常的生活，然而他们并不觉得辛苦，见到学生越来越多，学园越来越发达，个个都兴高采烈。

夏先生担任的是暨南大学的文学院长，又任开明书店《一般》杂志的编辑。他一个人住在上海，每天跑江湾，跑真茹（暨南大学），还要写杂志文稿，没有一刻的空闲。后来开明书店改为公司组织，他担任书店的编辑所长。这时他创办了《中学生杂志》。他认为一般中学都办得不得其法，学生太吃亏了，想凭这个杂志给他们一点真正的教育。他的大旨见于他的《受教育与受教材》一篇文字中。学生在一般中学里，至多受到了某种学科的教材；但是受教材并不等于受教育，受教育的范围宽广多了。必须食而能化，举一反三，知识能力从而长进，思想情感从而升华，才是真正的受教育。但是一般中学没有给学生享受这种福利。他为了弥补这种缺憾，花了不少的心血编辑《中学生杂志》。每期都是自己拟定了题目，特约相当的人写文稿，务使面面顾到，绝不随便凑数，让杂志真成了"杂"志。他又修改投稿者的文稿，回各地读者的信。他总是站在投书人的地位，设身处地地替他们商量事情，解决疑难，态度是诚恳的、友谊的，从不板起面孔，说些照例的教训的话。

"八一三"战事发生以后，开明同人大部分流迁到内地，在后方继续努力。夏先生一向怕出门，又加年老多病，不能离开上海。他就编写他的字典，同时在南屏女子中学担任国文教师。曾经被日本宪兵部抓去过一回，和章锡琛先生同难，关了十天才放出来。

　　我回到上海是民国三十五年二月初，赶紧跑去看他，他卧病不出门已有两月了。他精神很颓唐，满腔郁愤，但是并不为了自己的什么事。最难忘的是他临终前一天向我说的那一句话，也就是我所听到的他的最后一句话——"胜利，到底啥人胜利？无从说起。"这句话抵得一篇悲天悯人的大文章。不应得到胜利的"胜利"了，应该得到胜利的"惨败"了，这是他临终抱恨的。但是，世界正在转变，应该得到胜利的总有胜利的一天，而且为期不会太远。到那时候，我们定须假定夏先生"灵而有知"，高高兴兴地告诉他一声。

悼夏丏尊先生

郑振铎

夏丏尊先生（1886—1946)死了，我们再也听不到他的叹息，他的悲愤的语声了；但静静的想着时，我们仿佛还都听见他的叹息，他的悲愤的语声。

他住在沦陷区里，生活紧张而困苦，没有一天不在愁叹着。是悲天？是悯人？

胜利到来的时候，他曾经很天真的高兴了几天。我们相见时，大家都说道："好了，好了！"个个人的脸上似乎都泯没了愁闷：耀着一层光彩。他也同样地说道："好了，好了！"

然而很快的，便又陷入愁闷之中。他比我们敏感，他似乎失望、愁闷得更迅快些。

他曾经很高兴地写过几篇文章，提出些正面的主张出来。但过了一会，便又沉默下去，一半是为了身体逐渐衰弱的关系。

他是一个自由主义者，反对一切的压迫和统制。他最富于正义感。看不惯一切的腐败、贪污的现象。他自己曾经说道："自恨自己怯弱，没有直视苦难的能力，却又具有着对于苦难的敏感。"又道："记得自己幼时，逢大雷雨躲入床内；得知家里要杀鸡就立刻逃避；看戏时遇到《翠屏山》

《杀嫂》等戏，要当场出彩，预先俯下头去，以及妻每次产时，不敢走入产房，只在别室中闷闷地听着妻的呻吟声，默祷她安全的光景。"（均见《平屋杂文》）这便是他的性格。他表面上很恬淡，其实，心是热的；他仿佛无所褒贬，其实，心里是泾渭分得极清的。在他淡淡的谈话里，往往包含着深刻的意义。他反对中国人传统的调和与折衷的心理。他常常说，自己是一个早衰者，不仅在身体上，在精神上也是如此。他有一篇《中年人的寂寞》：

"我已是一个中年的人。一到中年，就有许多不愉快的现象，眼睛昏花了，记忆力减退了，头发开始秃脱而且变白了，意兴、体力甚么都不如年青的时候，常不禁会感觉得难以名言的寂寞的情味。尤其觉得难堪的是知友的逐渐减少和疏远，缺乏交际上的温暖的慰藉。"在《早老者的忏悔》里，他又说道：

"我今年五十，在朋友中原比较老大。可是自己觉得体力减退，已好多年了。三十五六岁以后，我就感到身体一年不如一年，工作起不得劲，只得是恹恹地勉强挨，几乎无时不觉到疲劳，甚么都觉得厌倦，这情形一直到如今。十年以前，我还只四十岁，不知道我年龄的，都以我是五十岁光景的人，近来居然有许多人叫我'老先生'。论年龄，五十岁的人应该还大有可为，古今中外，尽有活到了七十八十，元气很盛的。可是我却已经老了，而且早已老了。"

这是他的悲哀，但他并不因此而消极，正和他的不因寂寞而厌世一样。他常常愤慨，常常叹息，常常悲愁。他的愤慨、叹息、悲愁，正是他的入世处。他爱世、爱人、尤爱"执着"的有所为的人，和狷介的有所不为的人，他爱年轻人；他讨厌权威，讨厌做作、虚伪的人。他没有机心，表里如一。他藏不住话，有什么便说什么，所以大家都称他"老孩子"。他的天真无邪之处，的确够得上称为一个"孩子"的。

他从来不提防什么人。他爱护一切的朋友，常常担心他们的安全与困苦。我在抗战时逃避在外，他见了面，便问道："没有什么么？"我在卖书过活，他又异常关切的问道："不太穷困么？卖掉了可以过一个时期吧。"

"又要卖书了么？"他见我在抄书目时问道。

我点点头，向来不作乞怜相，装作满不在乎的神气，有点倔强，也有点傲然，但见到他的皱着眉头，同情的叹气时，我几乎也要叹出气来。

他很远地挤上了电车到办公的地方来，从来不肯坐头等，总是挤在拖车里。我告诉他，拖车太颠太挤，何妨坐头等，他总是不改变态度，天天挤，挤不上，再等下一部。有时等了好几部还挤不上。到了办公的地方，总是叹了一口气后才坐下。

"丏翁老了。"朋友们在背后都这么说。我们有点替他发愁，看他显著的一天天的衰老下去。他的营养是那么坏，家里的饭菜不好，吃米饭的时候很少；到了办公的地方时，也只是以一块面包当作午餐。那时候，我们也都吃着烘山芋、面包、小馒头或羌饼之类作午餐，但总想有点牛肉、鸡蛋之类伴着吃，他却从来没有过；偶然是涂些果酱上去，已经算是很奢侈了。我们有时高兴上小酒馆去喝酒，去邀他，他总是不去。

在沦陷时代，他曾经被敌人的宪兵捉去过。据说，有他的照相，也有关于他的记录。他在宪兵队里，虽没有被打，上电刑或灌水之类，但睡在水门汀上，吃着冷饭，他的身体因此益发坏下去。敌人们大概也为他的天真而恳挚的态度所感动吧，后来，对待他很不坏。比别人自由些，只有半个月便被放了出来。

他说，日本宪兵曾经问起了我："你有见到郑某某吗？"他撒了谎，说道："好久好久不见到他了。"其实，在那时期，我们差不多天天见到的。他是那么爱护着他的朋友！

他回家后，显得更憔悴了。不久，便病倒。我们见到他，他也只是叹气，慢吞吞地说着经过。并不因自己的不幸的遭遇而特别觉得愤怒。他永远是悲天悯人的——连他自己也在内。

在晚年，他有时觉得很起劲，为开明书店计划着出版辞典，同时发愿要译《南藏》。他担任的是《佛本生经》（Jataka）的翻译，已经译成了若干，有一本仿佛已经出版了。我有一部英译本的 Jataka，他要借去做参考，我答应了他，可惜我不能回家，托人去找，遍找不到。等到我能够回家，而且找到 Jataka 时。他已经用不到这部书了。我见到它，心里便觉得很难过，仿佛做了一件不可补偿的事。

他很耿直，虽然表面上是很随和。他所厌恨的事，隔了多少年，也还不曾忘记。有一次，在一个宴会上遇到了一个他在杭州第一师范学校教书时代的浙江教育厅长，他便有点不奈烦，叨叨地说着从前的故事。我们都觉得窘，但他却一点也不觉得。

他是爱憎分明的！

他从事于教育很久，多半在中学里教书。他的对待学生们从来不采取严肃的督责的态度。他只是恳挚的诱导着他们。

　　……我入学之后，常听到同学们谈起夏先生的故事，其中有一则我记得最牢，感动得最深的，是说夏先生最初在一师兼任舍监的时候，有些不好的同学，晚上熄灯，点名之后，偷出校门，在外面荒唐到深夜才回来。夏先生查到之后，并不加任何责罚，只是恳切的劝导，如果一次两次仍不见效。于是夏先生第三次就守候着他，无论怎样夜深都守候着他，守候着了，夏先生对他仍旧不加任何责罚，只是苦口婆心，更加恳切地劝导他，一次不成，二次，二次不成，三次……总要使得犯过者真心悔过，彻底觉悟而后已。

　　　　　　　　　　　　　　——许志行《不堪回首悼先生》

212

他是上海立达学园的创办人之一，立达的几位教师对于学生们所应用的也全是这种恳挚的感化的态度。他在国立暨南大学做过国文系主任，因为不能和学校当局意见相同，不久，便辞职不干。此后，便一直过着编译的生活，有时，也教教中学。学生们对于他，印象都非常深刻，都敬爱着他。

他对于语文教学，有湛深的研究。他和刘薰宇合编过一本《文章作法》，和叶绍钧合编过《文章讲话》《阅读与写作》及《文心》，也像做国文教师时的样子，细心而恳切地谈着作文的心诀。他自己作文很小心，一字不肯苟且；阅读别人的文章时，也很小心，很慎重，一字不肯放过。从前《中学生》杂志有过"文章病院"一栏，批评着时人的文章，有发必中，便是他在那里主持着的。他自己也动笔写了几篇东西。

古人说"文如其人"。我们读他的文章，确有此感。我很喜欢他的散文，每每劝他编成集子。《平屋杂文》一本，便是他的第一个散文集子。他毫不做作，只是淡淡地写来，但是骨子里很丰腴。虽然是很短的一篇文章，不署名的，读了后，也猜得出是他写的。在那里，言之有物，是那么深切的混和着他自己的思想和态度。

他的风格是朴素的，正和他为人的朴素一样。他并不堆砌，只是平平地说着他自己所要说的话。然而，没有一句多余的话，不诚实的话，字斟句酌，决不急就。在文章上讲，是"盛水不漏"，无懈可击的。

他的身体是病态的胖肥，但到了最后的半年，显得瘦了，气色很灰暗。营养不良，恐怕是他致病的最大原因。心境的忧郁，也有一部分的因素在内。友人们都说他"一肚皮不合时宜"。在这样一团糟的情形之下，"合时宜"的都是些何等人物，可想而知。怎能怪亐尊的牢骚太多呢！

想到这里，便仿佛听见他的叹息，他的悲愤的语声在耳边响着。他的忧郁的脸、病态的身体，仿佛还在我们的眼前出现。然而他是去了！永远的去了，那悲天悯人的语调是再也听不到了！

如今是，那么需要由叹息、悲愤里站起来干的人，他如不死，可能会站起来干的。这是超出于友情以外的一个更大的损失。

纪念夏丏尊先生

叶至善

纪念夏丏尊先生，大家都会想起《爱的教育》。《爱的教育》是意大利作家亚米契斯的一部小说，原名叫作《心》。夏先生得到了日本的译文，他一边读，一边流眼泪，忍不住惭愧和激动，于是许下愿心，把这部小说转译成中文，换了个显豁的书名，叫《爱的教育》。夏先生以译者的身份给这小说写了序言。他在序言中说，办教育好比挖池塘，不挖成方的，还挖成圆的，要是里边没有水，总不成其为池塘。那么教育的水是什么呢？夏先生说是情，是爱。教育要是没有情爱，就跟池塘没有水一个样，逃不出一个空虚。夏先生认为教育不光是知识的传授，甚至主要不是知识的传授。教师是教育者，应当以身作则，使受教育的学生潜移默化，受到道德的熏陶和能力的锻炼。要达到这样的境界，教师和学生必须互相了解，互相尊重，互相信赖。这就是夏先生所说的必不可少的情爱。夏先生许下愿心把《爱的教育》介绍到中国来，就因为在当时的许多学校里，师生之间非常缺乏这样的互敬互爱。《爱的教育》一出版，就受到教育界的重视；许多教师把这部小说介绍给自己的学生，甚至用这部小说来指导自己的教育实践。

纪念夏丏尊先生，大家都会想起《文心》。《文心》是夏先生和我的父亲叶圣陶先生合著的一部讲语文知识的读物。为了引起读者的阅读兴趣，两位老人家特地采用了小说的形式。他们把师生之间的关系描写得非常和谐，从这一点上来说，《文心》可以称作一部中国的《爱的教育》，至于语文知识，听、说、读、写，四个方面并重，不仅讲得十分周到，而且处处着重于实际能力的锻炼。《文心》在《中学生》杂志上连载的时候，就得到了语文教育界的好评；单行本出版以后，许多中学都选作学生必读的补充读物。除了《文心》，夏先生对语文教学还发表了不少学术性的文章和指导学习的文章，试编过好几套国文教科书。对语文教育的系统化和科学化，夏先生几乎付出了毕生的精力。

纪念夏丏尊先生，大家都会想起《中学生》杂志。《中学生》杂志创刊于 1930 年 1 月。夏先生在发刊词中说，数十万中学青年"彷徨于分岔的歧路，饥渴于寥廓的荒原"，而没有人关心他们的现状和前途，不能不说是"一件怪事和憾事"。《中学生》杂志自告奋勇，愿意担负起责任来，一方面指导各科的学习方法，介绍丰富多样的课外知识，一方面分析时事，讨论前途，帮助青年解决他们的切身问题。中学青年都把《中学生》杂志当作良师益友，在校的要读，失学的更要读。在《中学生》上，夏先生发表文章提醒读者：进学校混资格，靠文凭混饭吃，实际上是"因袭的封建的"恶思想在作祟；还提醒读者：进学校的目的不是受教材，而是为了受教育，为了培养品德和能力。教材只是培养品德和能力的凭借，所以死记硬背是没有用的，要消化吸收，才能化为自己的血肉。夏先生创办《中学生》杂志，等于为全国几十万中学青年办了一所大学校。

纪念夏丏尊先生，大家都会想起他任过教职的许多学校。在杭州，有浙江第一师范和它的前身两级师范；在上虞白马湖，有春晖中学；在上海江湾，有立达学园。最主要的是这三所。夏先生的教育思想是在长期从事教育的过程中逐渐形成的。后来，章锡琛先生把夏先生拉进开明书店，请他主持编辑工作。夏先生认为出版事业也是教育事业，他的教育思想在开明书店得到了贯彻。

纪念夏丏尊先生，大家都会想起他临终前的一句话。抗战期间，夏先生困守上海，生活艰难到了极点。1943 年 12 月还被日本宪兵司令部抓去过，于是肺病复发了。他贫病交加，好容易熬到了胜利，满以为中国就此走上了复兴的道路。没想到国民党倒行逆施，加紧搜刮，压制民主，积极准备发动内战，夏先生忧国忧民，病一天比一天重。1946 年 4 月 22 日上午，我的父亲又去探望夏先生。夏先生用尽力气才说了一句话："胜利，到底啥人胜利——无从说起。"第二天晚上，夏先生就与世长辞了。现在我们可以告慰夏先生：胜利终究属于人民，中国的前途一片光明。可惜夏先生逝世已经 40 年了，我们跟他说，他也不会知道了。

我所知道的夏丏尊先生

夏一吾

小时候，我祖父经常同我说起夏丏尊先生，叫我读他译写的《爱的教育》，要我大起来也能像他一样。当时我只是朦胧地感到他是我们族里一个很了不起的人。靠着这种感觉我把那时听说的事也全记住了，至今还能清晰地回忆起来。

夏丏尊先生的思想是很激进的。辛亥革命后，他目睹军阀割据和国民党反动派的日益腐败，把内心的愤懑用家乡话"畜生世界"骂了出来。他同我祖父说"这世道要变的"。他反对我祖父置买田产。他说"不种田的人要田做什么呢。"夏丏尊先生曾去湖南教过书，后来他每当同我祖父谈起湖南第一师范教书时的事，总会兴奋地说："毛润之这个名字听到过，可能这个人也见到过。"可见他对于革命领导人的仰慕之情。夏丏尊先生在春晖中学任教期间，我祖父曾去过几次，看到春晖中学有农田，几个学生在车水，好生奇怪，便问丏尊先生，他笑笑说："学生是要样样学学。"当时教师能有这样的认识真是难能可贵。我也听祖父说过："丏尊先生在教学上确实是十分注重实践的。"

夏丏尊先生是很平易近人的，当然，当时也有人说他很孤僻。我祖父说他是"硬头子"，因为他对于那些趋炎附势、奉承拍马的人是不屑一顾的，甚至还骂娘，而他对一般人却很平易，我祖父就同他很合得来。虽说我祖父和他是同族同辈，但已是远房亲了，我祖父又少他九岁，丏尊先生在杭州教书时，我祖父是杭州一家绸庄的伙计。一个是留洋归来在高等学府执教的先生，一个是普普通通的小伙计，但我祖父还是亲切地叫"钊哥哥"（丏尊先生的小名叫钊君、阿钊），有时背后还可叫他的绰号"灶壁鸡"。当时丏尊先生有聚会，还会带我祖父同去。最使我祖父感动的是丏尊先生替他求得弘一法师墨宝的事，李叔同先生出家后很少为人作书，当时他的"南无阿弥陀佛"几个字已是难得的瑰宝。我祖父知道丏尊先生与李叔同交往甚厚，便托他求书，果然如愿以偿；两位大师还为我祖父题了扇面，这真是人生难得一幸事。

夏丏尊先生在生活上是很朴素的。听我祖父说，他从不穿西装，冬夏都是长衫，料子也很讲实惠，他托我祖父买夏天穿的绸长衫，总要选料子重的纺绸。丏尊先生平时吃的都是随菜便饭，他一生没有置办过什么产业，唯有白马湖畔三间中国式的平屋。

夏丏尊先生也信佛，对佛经很熟，他曾抄过一段《楞严经》给我祖父做扇面。听我祖父说他信的佛，但仍然吃酒吃肉，他是因为"厌煞这个世界哉"，他也羡慕李叔同先生出家做和尚。

夏丏尊先生就是这样既伟大而又平凡。我已由少年而到中年，由学生成为教师，但小时听过的关于夏丏尊先生的事却深刻地留在我的记忆里。虽然被夏丏尊先生诅咒的那个时代已经一去不复返了，但是他的品格永远是我们后辈人师法的表率。

忆夏丏尊先生

夏　衍

　　提到夏丏尊先生，很自然会想起开明书店，会想起《中学生》杂志，会想起他翻译的《爱的教育》，会想起他和叶圣陶先生合著的《文心》。他为青年一代的语文教育和进步出版事业，勤勤恳恳、任劳任怨地工作了几十年，但是由于他的恬淡朴质、不求闻达，所以在当代青年中，知道这位甘为孺子牛的长者的人，已经不太多了。从 1909 年他在浙江两级师范学堂任教起，相继在浙江第一师范学校、湖南第一师范学校、春晖中学、立达学园、暨南大学、南屏女子中学，从事教育工作，言传身教，真可以说是桃李满天下。受过他的教诲的人，和他共事过的人，想起他，就会有一股敬爱的暖流涌上心头。

　　丏尊先生比我大 14 岁，五四运动那一年，我在浙江甲种工业学校念书，他是经亨颐先生主持的浙江第一师范学校的语文教员兼"舍监"。受到北京学生运动的影响，浙一师和杭州几个学校的青年人凑合起来，办了一份叫《浙江新潮》的周刊，他和陈望道、刘大白先生都是这个小刊物的支持者。也就在这个时候，我经过俞秀松和汪馥泉的介绍，在贡院前的浙一师的宿舍和他第一次见面。他鼓励我们，要我们像北大学生一样地去闯破沉闷的空气。可是不久之后，因为施存统（复亮）在《浙江新潮》上发表了一篇《非孝》，就"闯"了一场大祸。在封建宗法统治的旧社会，非孝当然是大逆不道，而这篇文章，却又是经过丏尊先生审阅过的，一个小刊物引起了一场大风浪，这就是当时有名的"浙一师风潮"。当时，学校中的"舍监"，相当于后来的政工干部，它的职务是监督和管理学生的思想行为。因此，丏尊先生以"舍监"的身份而同意学生发表《非孝》那样的文章，无疑就成了顽固派所说的"奇闻怪事"，而在我们这些二十岁左右的青年人，他的这一行动就成了我们精神上的支柱。

"浙一师风潮"之后，丏尊先生被迫离校，应易培基、匡互生先生之邀，到湖南第一师范学校任教，一年后，回到上虞白马湖，在春晖中学、浙江省立四中工作了四年。当时，在青年学生中最受欢迎的一本书《爱的教育》，就是他在这个时期翻译出版的。这本书在抗战前再版了三十多次，和他写的《文章作法》《文心》一样，都在青少年和教育工作者之间有很大的影响。

1925 年后，丏尊先生在上海定居，一面教书，一面写作，先是在暨南大学任中国文学系主任，后应章锡琛先生之邀，任开明书店编辑所长。经历了十年内战、八年抗战的艰困时期，他团结了大批爱国、进步、正直的文化工作者、教育家、科学家，拥有一支不亚于商务、中华的著译家队伍：叶圣陶、茅盾、胡愈之、巴金、朱光潜、朱自清、丰子恺、陈之佛、谢六逸、费鸿年……真可以说群贤毕集，胜友如云。在上海白色恐怖十分严重的 30 年代，在他主持下，开明书店出版了大量进步的中外名著，发行了《一般》《中学生》《新女性》《新少年》《月报》等刊物，哺育了一代青年。他在教育、出版史上的功绩，是永远值得纪念的。

丏尊先生在文化、教育、出版界辛勤工作了四十年。这四十年，也正是新中国诞生之前的最黑暗的时期。他爱国，他向往科学与民主，按他的气质来说，他是一个质朴恬淡的知识分子，尽管"五四"之前他就和鲁迅一起参加过"木瓜之役"，支持过"浙一师风潮"，但他没有参加过实际的政治运动，可是，在正直与邪恶、光明与黑暗、反抗与暴压之间，他的立场是坚定的，态度是鲜明的。1927年大革命失败，浙一师的学生，浙江最早的共产党员宣中华、叶天底惨遭杀害，他多方营救无效，就愤笔写了一副对联："天高皇帝远，人少畜生多。"抗战前夕，上海文化界救亡协会创办《救亡日报》，郭沫若和我请他撰稿，他毫不迟疑地当了这份报纸的编辑委员，写了文章。1941年太平洋战争爆发，上海租界被占，日本人想利用他在文化界的声望，一再派人请他"出山"，都遭到他的毅然拒绝。因此，1943年冬，他曾一度被日本宪兵逮捕。

1937年上海沦陷后，丏尊先生因年老多病而留在上海，靠笔耕和教书维持生活。抗战胜利后，我回到上海，不止一位朋友告诉我，抗战后期，先生一家的生活非常艰苦，有时，他只能"吃扁担饭"（即每天只吃两餐），但是，他还是关怀着留在孤岛的进步文化工作者，介绍他们到南屏女中去教书，或者邀请他们翻译一些当时可以出版的书，来获得一点稿费。丏尊先生去世之后，有一次，周予同老先生和我说：丏翁的一生，可以用"爱国、爱人民、爱青年"这三句话来概括。我说，读他的文章，看他的待人和处世，他的爱心之深，真可以说是"菩萨心肠"。20世纪初，他在日本留学时期，李叔同（弘一法师）是他的知心好友，又在两级师范学堂共事多年，情同手足。他很欣赏《维摩诘经》，还曾对我说过："无垢称"（身心无垢）是读书人应有的精神境界。丏尊先生在思想上受过释家的影响，但他既不逃禅，更不出世，他的心是与国家命运和现实的人生紧紧地联系在一起的。

"欲造平淡难"

——夏丏尊先生生辰百年祭

柯 灵

夏先生的一生，是淳朴、谦逊而又切实的一生。淳朴中蕴藏厚重，谦逊中包含冲和，而切实使他执着和坚强。他是教育家、文学家和出版家，三者浑然一体，互相映发，互相渗透，共同的基础是对祖国和人民的热爱。他的生活准则，工作和事业，都贯串着这种特质。

他所从事和参与的事业都带有开创性。五四时代，北京大学高高竖起新文化运动的旗帜，浙江第一师范桴鼓相应，成为东南半壁的进步堡垒，陈望道、刘大白、夏丏尊等就是其中的柱石；春晖中学局处在浙东群山中的白马湖，却最早实行男女同校，以优良的学风闻名全国；在上海江湾创建的立达学园，又是新型的理想教育试验园地；开明书店则在出版界开创了稳健踏实的独特作风，至今为读书界所向往。

温良恭俭让曾经被当作革命的对立物，暴烈行动与流血斗争则被强调为唯一的革命手段。但革命本身却是天才的闪烁，一门极其复杂的艺术。革命比做文章艰苦，比绘画绣花细致，革命也可以在宴会中彬彬有礼地进行。革命不仅意味着破坏，更意味着建树。"一国两制"这样富有想象力和浪漫性的创造，绝对无法从马克思和列宁的经典著作或"红小书"中找到根据。革命也不能靠革命政党单干，需要寻求最广泛的响应和支持，而具有不同个性色彩的群体，必然会运用不同的手段和方式。"开明"独立于政党之外，但谁也无法否认它对进步事业的贡献。青年时代的共产党人夏衍，在大革命失败的艰难岁月中，就依靠给"开明"译书作为公开的职业掩护，并赖以维持生存。楼适夷 30 年代被关在南京监狱里，他的译稿就在"开明"化名出版，用版税赡养受难的家属。这些已知的事实，就都是夏丏尊先生经手的。抗战时期，留在上海的开明书店，本身已在风雨飘摇中，还延揽了好几位文化界知名的前辈当编辑，供他们韬光养晦，这一类默默无闻的工作，是不应该被历史遗忘的。

夏丏尊先生个人的文学活动，翻译多于创作。译书中最有影响的是意大利作家德·亚米契斯原著的《爱的教育》。解放后绝版已久，现在重见于新出的《夏丏尊文集》第三卷。《爱的教育》提倡"用谅解、博爱的精神，实现各阶级的融合和社会地位的平等"，在严格要求文学作品成为阶级斗争课本的年代，"爱的教育"受冷落，是很自然的事。但爱与情感的影响和力量，并没有从读者的心里消失。夏先生的创作不多，散文作品成集的，似只有《平屋杂文》。夏丏尊的姓名，从不见于中国现代文学史，但台湾诗人兼散文家杨牧编的《中国近代散文选》，却在序言中论证，奉夏氏清淡散文风格为"白马湖派"，并列举台湾当代散文家的名字，以印证这一流派影响的隔海蔓衍。

"作诗无今古，欲造平淡难。"为文如此，为人也是如此。但引人注目的，却总是吵吵闹闹，浮夸张扬；而不是踏踏实实，默然用命。

抗战刚刚结束，内战代之而起。夏丏尊先生在万方多难中向人世永别，临终发出愤懑的疑问："胜利，到底是谁的胜利？"现在我们可以满怀信心，告慰夏先生的在天之灵了；"胜利属人民，祖国正在向着现代化的目标一步一个脚印地前进。安息吧，夏先生。"

夏丏尊先生去世时，《新华日报》以社论的形式表示悼念，称之为

"民主主义文化战线上的老战士"，肯定夏先生的逝世"是中国民主阵营的一大损失，中国人民的一大损失。"这种评价，夏丏尊先生可以当之而无愧！

怀念夏丏尊先生

楼适夷

欧阳文彬同志为编辑夏丏尊先生的遗作自沪来京，把她搜集到的我在先生逝世时所写悼文《哭夏丏尊先生》，特地复印了一份给我。重读自己三十五年前的旧作，不禁想起当年与先生遗体告别的情景，以及先生生前给我留下的深刻印象，而勾起无尽的怀念。

夏先生早岁一直从事艰苦的教育工作，而我则自小就失学了，连想获得中等教育的志愿都未能达到，因此他不是在学校课堂里教过我书的老师，但他的著译一直是我爱好的读物；他关于语文学习的著作更是我学习阅读与写作的受益甚多的课本；他译的意大利亚米契斯的《爱的教育》，更触动过我少年时代的心灵，使我曾渴望有一个人与人相爱的世界，也因此很早我就把他当作自己的老师。我最早认识他已在大革命前的二年，但更早的时候，好像对他已非常熟悉，他的亲切的面影，久已映现在我的想象之中。我在青少年时代的友人，有好几个人都曾经是上虞春晖中学和上海立达学园的学生，由于向往不到的学生生活，我非常爱听他们谈自己的学校。他们都爱自己的母校，特别热爱自己的老师。没有见过面的夏先生，也正是他们带着依依不尽的恋念，常常对我谈到的一位老师。

春晖中学去我老家不远，那里有一个白马湖，以风景优美闻名，学校就在湖边。当初主持这学校的，是国民党左翼的一位前辈，教育家经子渊先生。他在五四运动时主持杭州浙江第一师范学校，吸收了许多进步的教师与渴求知识与真理的学生，使这学校虽属一个省办中等学校，却与北京大学，南北辉映，成为当时学生运动与新文化运动最活跃的基地。那时夏先生在"一师"任教，致力于开展新文化运动，在学校中，与陈望道先生等一起被称为"四大金刚"。随着反动当局压力的到来，校长和许多进步教师终于不能在这官办的学校中立足了。他们离开"一师"，在山明水秀的白马湖畔，结合了一群志同道合、有学有才、胸怀理想的同事们，创办了春晖中学，为青年们开辟了一个小小的学习乐园。学生老师优游于波光山影之中，共同生活与学习，度着既是师生又如朋友和家人的和乐岁月。图画老师在湖边支着画架，带学生们写生；音乐老师同学生在湖心泛舟高歌。夏先生是语文老师，督促学生们阅读写作的课程，是严厉的师长，关怀学生身心与品德的成长，则又像一位慈爱的父亲。我的友人告诉我，一个同学在宿舍病倒了，夏先生坐在床边，一口口喂汤喂药，亲自担任护理；有一个同学，品质恶劣，操行不良，成了同学中的害群之马，好些人主张把他开除，夏先生力排众议，自愿地担任了这同学的辅导，喻之以理，动之以情，终于使他幡然悔悟，成为一个好学生。当友人把这些动人的事迹告诉我时，我看她眼里闪烁着泪花，表露了她对已经离去的学校和老师的惜别之情。

她使我多么向往这样的学校与这样的师长，但我的向往没能如愿，就被投入到尘烟滚滚的上海去了。同样的，这座白马湖边的乐园，也不能永远成为世外桃源。由于与主持者之间发生了教育观点上的分歧，夏先生和他亲密的同事们，不能不为偷吃了智慧之果而失掉了自己手创的乐园。他们并未为理想失败而灰心，又在上海办起了一座新型的立达学园，把白马湖畔播下的种子，移植到郊区江湾的烟尘与黄土之中，一些新的嫩苗，果然又渐渐地苗长出来。当时我虽仍无缘进入学校的大门，却在那里开始认识了景仰已久的夏先生，向他求教，把他当作自己真正的老师了。他，一位平易近人、朴实无华的蔼然长者，对我这样一个失学青年，不仅当作自己的学生，给我热情的指导，也当作忘年的朋友，给以亲切的关怀。

在缺少自学条件的我，学习常常处于朝秦暮楚、一曝十寒的状态。在开始学习写作时，我还不敢拿自己的习作去直接求教。一位友人把我的一篇短篇习作送到了先生的手里，出乎意外地使我得到了先生的赞许，从友人转达他对我那篇习作的评语，即在今天我还感觉羞愧。此作得到了先生的推荐，很快地在当时一个著名刊物中发表出来，大大地鼓舞了我，增长了我继续尝试的勇气，也好像豁然开朗地找到了自己今后应走的道路。

那是风云激荡的大革命时期，没有地方能留下安静的一角，暴风雨把我卷入了时代的洪流，在上海工人第一第二次武装起义浪潮中，国民革命军北伐的一路，已自闽入浙，到达了我出生的家乡，我被调回去做地方党的工作。在那里，和革命军所到达的许多地方一般，很快地燃起了工农群众斗争的火焰。国民党已成为执政的党，使我们可以以左派的面目公开活动，与人民群众一起，对地方封建罪恶势力展开剧烈的斗争。我们在地方成了一时的"当权派"和"统治者"。就在这短暂的时期中，夏先生从上海回白马湖家中探亲。火车路过余姚县城，我们硬拉夏先生中途下车，请他在城里小作逗留。县城里正闹得热气腾腾，我们热烈地接待了他，簇拥着他在各处参观，向他汇报我们活动的情况。他看着我们好像已经是胜利者的兴奋热烈的气概，却像大人看孩子玩家家似的，对我们摇摇脑袋，冷冷地平静地说：

"你们今天在喊蒋介石万岁，我看将来杀你们头的，也正是这个蒋介石！"

当然，我们那时的"万岁"并不如他所意想那样叫得多起劲，但学习过"革命的两段论"，还在迷信着，至少在第一个阶段，总还可以一起走下去的吧。我们自己这样相信，也这样告诉信从我们的青年和工农群众。我们是太天真了，只把夏先生的话当作他一向爱唱的"悲观论"，听了只是笑笑，并不放在心上。那是1927年春节前夕，果然，过了还不到两个月，就在上海发生了"四一二"事变，蒋介石来杀我们的头了。在杭州、在宁波，我们许多同志战友，一批批倒在蒋介石的清党特派员，即上海流氓头子、杀人刽子手杨虎、陈群的屠刀下，危险迫近到我们的身边。共同工作的同志，除了能潜伏地下的人，就四散流亡，有的后来还是陷落在敌人的黑牢里。回到上海，我已不可能恢复原来的社会职业，便成为一个流亡者。当然，我是要去见夏先生的，先生一见我便说："好，你来了！"好像松了一口气似的。形势已摆在面前，他再也没有向我提到他在春节前不幸而中的那句预言，却关心地问一个个熟人的情况。知道都已平安脱险，似乎放下了一重心事。后来，他告诉我一件他所经历的事件。我没见过他发怒的样子，这回却显出了极大的气愤。那是他的一个同乡和学生叶天底同志的遭遇。当我们在余姚公开活动的同一时期，天底同志是邻县上虞地下党的一个负责人。在我们与本县盐场恶霸开展武装斗争时，上虞曾调拨了农民自卫军来支援，他又是一位诗人和美术家，所以我们是熟悉的。我们同上虞还有一重更奇怪的因缘。"四一二"后开始在各地"清党"时，上虞有几位原以国民党左派面目活动的共产党员，在本县已无法立足，却通过社会关系，隐蔽到省城的国民党右派势力下，竟被委为"清党委员"，这就是徐云士和徐镜如两位同志，他们被派到我们县里来，一到来就同我们暗暗接上了关系，把我们保护了一个多月的时间，直到再也庇护不住，接到省里来的逮捕令，便秘密通知了我们，使我们得以及时出走，免遭毒手，可是叶天底同志在那样形势下，虽身患重病，却仍一直坚持在原地，领导地下斗争。而最后终于落入了敌人的魔掌，被关押在杭州的监狱里。当然，当时省政府和省党部早已由反共的国民党右派当了权。夏先生得到了叶天底的消息，非常忧急，就给刘大白去了一信，请他设法营救。刘大白曾和夏先生一起，在"一师"任教，是新文化运动的积极分子，也被称为"四大金刚"之一，他又是早期的白话诗人，同时也是叶天底的老师。这时正担任了省府的教育厅厅长和省党部的委员。他得到了信，却给夏先生一封冷酷的复书，不仅拒绝了嘱托，还反过来指责夏先生为天底求情，是"不负责任的妇人之仁"。他说："像这样的青年，今天我们不杀他的头，明天他们就会杀我们的头！"夏先生把这些话告诉我时，他的脸色是苍白的，他的手指微微地发抖。天底同志那时还在牢狱里，终以坚贞不屈，营救无术，最后壮烈牺牲在西子湖边的刑场上了。

白色恐怖正漫天盖地，横扫大江南北，多少像天底同志一样的革命青年，被投入敌人的黑牢，被杀害在敌人屠刀之下，其中有不少夏先生的学生和朋友。夏先生的创痛是深沉的。夏先生说："能够像这样屠杀青年的吗！我们这个中华民族到底还要不要生存和发展？"夏先生说："我害怕血，我连厨房里杀鸡都不敢看，我见了血我的头发晕！"但时代却要夏先生去看那滔滔汹涌的血流。

再没有世外的一角，"爱的教育"是彻底地被摧毁了。夏先生不但要看到自己亲身教育过的学生一个个横遭虐杀，甚至还不得不看到也是自己亲身教育过的学生，却带领着刽子手，在搜捕自己的同学。作为一个教育工作者的深切的痛苦，使他写出了这样一副著名的联语：

宁可早死；
莫做先生。

夏先生离开了立达学园。像从前那样到江湾去探望先生，坐在低矮的小凳上，围着日本式的火钵，在炭火上架一只日本式的铁架，煨一壶黄酒，拿花生米和豆腐干下酒，和先生相对漫谈的日子，从此是一去而不可复返了。

但夏先生并未消沉，他离开学校，离开天天面对广大青年的课室，转移到出版事业，用他的笔，写、译、编、著，踏进了一个更大的课室，去教育更广大的青年读者了。他说："我只能做我能做的事，比如有一个外国人在马路上向行人问路，如果是欧美人，我不会讲话，只好走开，让别的懂话的人去告诉他，如果他是一个日本人，我会日语，我当然要上前去回答他的询问。"尽管后来有些人说：夏先生爱发牢骚，爱叹气，常常摇摇脑袋说："没有办法了，没有办法了！"表示悲观的情绪，但他一直都是勤勤恳恳，认认真真，不消沉、不停滞，坚定不移地做他那份他能做、应该做而对人有益的事，即使在任何残酷的、恶劣的处境下，宁可熬贫受苦，也总是与罪恶势力站在决不妥协的立场。一直到他的最后，他没有休息过一天。

他没参加30年代的左翼文学运动，但他和进步文艺工作者的心始终是相通的。"左联"秘密发行的内部刊物，我每期送给他去，他接在手里，翻一翻，摸一摸，闻着油墨的香气："啊哟，你们，又出来了吗……"然后很爱护地收了起来。他非常关心许多相知者的生活与安全，凡是他能够帮助的事，从来不吝惜自己的力量。

抗日战争中，与他在多年的阔别之后，又在称为"孤岛"的上海，重新相见。在深居简出的匿处生活中，他的家是我极少数的去处之一，我们的相处更加紧密了。我不知道他从什么时候开始皈依了佛教。马叙伦先生的笔记《石屋余渖》有一项记载：

> 访夏丏尊。余以丏尊桌上有佛经，壁上悬数珠，询丏尊亦从事于此耶。丏尊曰：否。继而曰：人无信仰亦不好。余曰：何故。丏尊曰：无可归宿。我曰：我自有我，何患无归宿。然丏尊不能喻此，故曰：总是有个信仰的好。

夏先生常常谈到他的朋友弘一法师，对他屏绝繁华、舍身出家的精神，表示衷心的钦敬。我到夏先生家有时遇见马先生，涸辙之，相濡以沫，在鬼魅横行，长夜漫漫的那个时候，和这些前辈促膝纵谈，常得到很大的安慰和教益。作为一个无神论者，对夏先生的佛教信仰，也有过小小的争辩。夏先生认为佛教的精神，不是消极的解脱与逃避，像弘一法师那样献身侍佛，是一种积极的舍己救世的大勇行为。

平时我去探望夏先生，有时也见他不改故习，一壶酒，一碟家常自制的肉末酱，据案独酌，还没有持斋念佛的行动，可有一次他约我一起到一座古刹游览。他一脚跨进大雄宝殿，忽然双手合十，顶礼膜拜起来，这才使我大大地吓了一跳。他已经有好几位出家人的朋友，而他们也把他当作居士一样的礼待。在四郊多垒的上海，好像这种去处倒是最安全的。我也从夏先生的关系结识了一些方外之交，其中也有从火热的斗争中经历过来，而至今心里仍联系着人民的。他们利用自己特殊的身份和条件，对城市地下工作和乡间游击战争贡献出自己的力量，那是在我后来进入游击区以后才了解了的。有一个大寺院的住持募得了一笔相当的款项，发起翻译《南传大藏经》，把其中一部分请夏先生来主持其事。夏先生知道我那时忧患交迫、生计断绝的情况，他劝我帮助他所担任的《本生经》的部分翻译工作，知道我会加以拒绝，还特地先让我阅读日译的原本，把它当作文学的神话故事来对待。在夏先生的劝诱下我接受下来，回到乡间，在久病的老母的病榻边，帮夏先生做了部分的工作。这工作在政治上，使我在敌伪统治下得到了掩护。家乡的一个日本宪兵队正在侦察我幽居中的行动，及至他们发现我终日埋头在翻译佛经，才对我"放心"了，使我能陪伴老母直到她的临终，然后脱身进入敌后。

这期间上海的租界也早已被践踏在日本军的铁蹄下，结束了它的"孤岛"时期。进步文化界人匿居下来的已经寥寥无几，夏先生一直苦苦地留守原地，首先就受到一批批汉奸文人的纠缠，有些妖形怪状的编辑先生

来约他写稿。夏先生都手捧念珠，笑着把他们回绝了。还有一些参加所谓
《文学报国会》的日本作家，奉着军部的命令，到占领地来"报国"的，
其中也有知名的作家。他们一到来就设法找觅中国的文化人。夏先生早为
日本文艺界所知，因此首当其冲，逃避不了这样的会见。那次代表团中有
一个在中国也知名的久米正雄，是夏先生的旧识。夏先生在会见后告诉我
们："他们嘛，也很苦恼的。"久米正雄对他说："你们要躲还可以躲躲，
要推还可以推推，我们可是躲也无处，推也不能呢！"我不知道夏先生见
了相识的日本友人，对他们表示了这样的同情：是不是自己也发过什么天
真的牢骚，而结果被人记下了账本。不然，就很难理解，对于匿居上海的
文化界同志，为什么日本宪兵队首先对许广平先生下了毒手之后，独独来
光顾这位不显示任何政治色彩的夏先生呢？夏先生同章锡琛先生一起囚禁
在日本宪兵队的黑牢里，由于日本友人内山完造的奔走营救，终于出险
了。章先生写了一首诗，我现在记不得了，夏先生却只是一脸的苦笑，还
是继续苦苦地留守在简陋的寓居中，照常认认真真做他自己要做的工作，
一直坚持到抗战的胜利。但辛勤的劳作，艰难的岁月，严重损害了他的健
康，当抗战中奔走四散的友人们又重新回到上海的时候，他已经只能躺在
病床上，苦笑着，伸出瘦弱的手臂来迎接他们了。在国民党撕破"双十协
定"积极准备全面内战的前夕，我回到上海去探视他的时候，他的病已进
入垂危的阶段。我同傅雷，偕同傅雷的友人林俊卿医生去给他看病，他对
医药已经再三地拒绝了。他对我与傅雷说："你们难道不相信，人总是要
死的吗？"

　　是的，人总是要死的，只有认认真真地对待生活，孜孜不倦地为人
们而工作，热爱着人们也为人们所热爱的人，他们才永远活在人们的怀念
里，他们将永远不死。

1981 年 1 月 15 日于北京

丏尊先生故后追忆

　　我与夏先生认识虽已多年，可是比较熟悉还是前几年同在困苦环境中过着藏身隐名的生活时期。他一向在江南从未到过大江以北，我每次到沪便有几次见面，或在朋友聚宴上相逢，但少作长谈，且无过细观察性行的时机。在抗战后数年（至少有两年半），我与他可说除假日星期日外，几乎天天碰头，并且座位相隔不过二尺的距离，即不肯多讲闲话如我这样的人，也对他知之甚悉了。

　　夏先生比起我们这些五十上下的朋友来实在还算先辈。他今年正是六十三岁。我明明记得三十三年秋天书店中的旧编译同人，为他已六十岁，又结婚四十年，虽然物力艰难，无可"祝嘏"，却按照欧洲结婚四十年为羊毛婚的风气，大家于八月某夕分送各人家里自己烹调的两味菜肴，一齐带到他的住处——上海霞飞路霞飞坊——替他老夫妇称贺；借此同饮几杯"老酒"，聊解心忧。事后，由章锡琛先生倡始，做了四首七律旧体诗作为纪念。因之，凡在书店的熟人，如王伯祥、徐调孚、顾均正、周德符诸位各作一首，或表祷颂，或含幽默，总之是在四围鬼蜮现形民生艰困的孤岛上，聊以破颜自慰，也使夏先生掀髯一笑而已。我曾以多少有点诙谐的口气凑成二首。那时函件尚通内地，叶绍钧、朱自清、朱光潜、贺昌群四位闻悉此举，也各寄一首到沪以申祝贺，以寄希望。记得贺先生的一首最为沉着，使人兴感。将近二十首的"金羊毛婚"的旧体诗辑印两纸分存（夏先生也有答诗一首在内）。因此，我确切记明他的年龄。

他们原籍是浙东"上虞"的，这县名在北方并不如绍兴、宁波、温州等处出名。然在沪上，稍有知识的江浙人士却多知悉。上虞与萧山隔江相对，与余姚、会稽接界，是沿海的一个县份，旧属绍兴府。所以夏先生是绝无折扣的绍兴人。再则此县早已见于王右军写的曹娥碑上，所谓曹氏孝女即上虞人，好习小楷的定能记得！

不是在夏先生的散文集中往往文后有"白马湖畔"或"写于白马湖"之附记？白马湖风景幽美，是夏先生民国十几年在浙东居住并施教育的所在。——以后他便移居上海，二十年来过着编著及教书生活，直至死时并未离开。他的年纪与周氏兄弟（鲁迅与启明）相仿，但来往并不密切。即在战前，鲁迅先生住于闸北，夏先生的寓处相隔不远，似是不常见面，与那位研究生物学的周家少弟（建人）有时倒能相逢。夏先生似未到北方，虽学说国语只是绍兴口音；其实这也不止他一个人，多数绍兴人虽在他处多年，终难减轻故乡的音调，鲁迅就是如此。

平均分析他的一生，教育编著各得半数。他在师范学校，高初级男女中学，教课的时间比教大学时多。唯有北伐后在新成立的暨南大学曾作过短期的中国文学系主任。他的兴趣似以教导中等学生比教大学生来得浓厚，以为自然。所以后来沪上有些大学请他兼课，他往往辞谢，情愿以书局的余闲在较好的中学教课几点。他不是热闹场中的文士，然而性情却非乖僻不近人情。傲夸自然毫无，对人太温蔼了，有时反受不甚冷峻的麻烦。他的学生不少，青年后进求他改文字，谋清苦职业的非常多，他即不能一一满足他们的意愿，却总以温言慰安，绝无拒人的形色。反而倒多为青年们愁虑生活，替人感慨。他好饮酒也能食肉，并非宗教的纯正信徒，然而他与佛教却从四十左右发生较为亲密的关系。在上海，那个规模较大事业亦多的佛教团体，他似是"理事"或"董事"之一？他有好多因信仰上得来的朋友，与几位知名的"大师"也多认识。——这是一般读夏先生文章译书的人所不易知的事。他与前年九月在泉州某寺坐化的弘一法师，从少年期即为契交。直至这位大彻大悟的近代高僧，以豪华少年艺术家，青年教师的身份在杭州虎跑寺出家之后，并没因为"清""俗"而断友谊。在白马湖，在上海，弘一法师有时可以住在夏先生的家中，这在戒律精严的他是极少的例外。抗战后几年，弘一法师避地闽南，讲经修诵，虽然邮递迟缓，然一两个月总有一二封信寄予夏先生。他们的性行迥异，然却无碍为超越一切的良友。夏先生之研究佛理有"居士"的信仰，或与弘一法师不无关系。不过，他不劝他人相信；不像一般有宗教信仰者到处传播教义，独求心之所安，并不妨碍世事。

他对于文艺另有见解，以兴趣所在，最欣赏寄托深远，清淡冲和的作品。就中国旧文学作品说：杜甫韩愈的诗，李商隐的诗，苏东坡黄山谷的诗；《桃花扇》《长生殿》一类的传奇；《红楼梦》《水浒》等长篇小说，他虽尊重他们，却不见得十分引起他的爱好。对于西洋文学：博大深沉如托尔斯泰；精刻痛切如妥以妥夫斯基[1]；激动雄抗，生力勃变如嚣俄[2]之戏剧、小说，拜伦之诗歌，歌德之剧作；包罗万象，文情兼茂如莎士比亚；寓意遣词高深周密，如福楼拜……在夏先生看来，正与他对中国的杜甫、苏东坡诸位的著作一样。称赞那些杰作却非极相投合。他要清，要挚，又要真切要多含蓄。你看那本《平屋杂文》便能察觉他的个性与对文艺的兴趣所在。他不长于分析不长于深刻激动，但一切疏宕，浮薄，叫嚣芜杂的文章；或者加重意气，矫枉过正做作虚撑的作品，他绝不加首肯。我常感到他是掺和道家的"空虚"与佛家的"透彻"，建立了他的人生观——也在间接的酿发中成为他的文艺之观念。（虽则他也不能实行绝对的透彻

---

① 现译陀斯妥耶夫斯基。

② 现译雨果。

如弘一法师，这是他心理上的深苦！）反之也由于看的虚空透彻——尚非"太"透彻，对于人间是悲观多乐观少；感慨多赞美少；踌躇多决定少！个性，信仰的关系，与文艺观点的不同，试以《平屋杂文》与《华盖集》《朝花夕拾》相比，他们中间有若何辽远的距离？无怪他和鲁迅的行径，言论、思想、文字，迥然有别，各走一路。

　　他一生对于著作并不像那些视文章为专业者，争多竞胜，以出版为要务。他向未有长篇创作的企图，即短篇小说也不过有七八篇。小说的体裁似与他写文的兴会不相符合，所以他独以叙事抒情的散文见长。从虚空或比拟上构造人物、布局等较受拘束的方法，他不大欢喜。其实，我以为他最大的功绩还在对于中学生学习国文国语的选材、指导、启发上面。现时三十左右的青年在战前受中学教育，无论在课内课外，不读过《文心》与《国文百八课》二书的甚少。但即使稍稍用心的学生，将此二书细为阅读，总可使他的文字长进，并能增加欣赏中国文章的知识。不是替朋友推销著作，直至现在，为高初中学生学习国文国语的课外读物，似乎还当推此两本。夏先生与叶绍钧先生他们都有文字的深沉修养，又富有教读经验，合力著成，嘉惠殊多。尤以引人入胜的，是不板滞，不枯燥，以娓娓说话的文体，分析文理，讨论句段。把看似难讲的文章解得那样轻松，流利，读者在欣然以解的心情下便能了解国文或国语的优美，以及它们的各种体裁，各样变化——尤以《文心》为佳。

　　夏先生对此二书至少有一半以上的功力。尤其有趣的当他二位合选《国文百八课》，也正是他们结为儿女亲家的时候。夏先生的小姐与叶先生的大儿子，都在十五六岁，经两家家长乐意，命订婚约。夏先生即在当时声明以《国文百八课》出版后自己分得的版税一概给他的小姐作为嫁资。于是，以后这本书的版税并非分于两家。可谓现代文士"陪送姑娘"的一段佳话！

　　此外，便是那本风行一时至今仍为小学后期，初中学生喜爱读物之一的《爱的教育》。这本由日文重译的意大利的文学教育名著，在译者动笔时也想不到竟能销行得那样多，那样引起少年的兴味。但就版税收入上说，译者获得数目颇为不少。我知道这个译本从初版至今，似乎比二十年来各书局出版白话所译西洋文学名著的任何一本都销得多。

战前创办了四年多的《中学生》杂志，他服劳最多。名义上编辑四位，由于年龄，经验，实际上夏先生便似总其成者。《中学生》的材料，编法，不但是国内唯一良佳的学生期刊，且是一般的青年与壮年人嗜读的好杂志。知识的增益，文字的优美，取材的精审，定价的低廉，出版的准期，都是它特具的优点。夏先生从初刊起便是编辑中的一位要员。

浙东人尤以绍兴一带的人勤朴治生，与浙西的杭、嘉、湖浮华地带迥不相同。夏先生虽以"老日本留学生"，住在"洋场"的上海二十多年，但他从未穿过一次西装，从未穿过略像"时式"的衣服。除在夏天还穿穿旧作的熟罗衫裤，白绢长衫之外，在春秋冬三季难得不罩布长衫穿身丝呢类面子的皮、棉袍子。十天倒有九天是套件深蓝色布罩袍，中国老式鞋子。到书店去，除却搭电车外，轻易连人力车都不坐。至于吃，更不讲究，"老酒"固是每天晚饭前总要吃几碗的，但下酒之物不过菜蔬、腐干，煮蚕豆、花生之类。太平洋战争起后上海以伪币充斥物价腾高，不但下酒的简单肴品不多置办，就是酒也自然减少。夏先生原本甚俭，在那个时期，他的物质生活是如何窘苦，如何节约，可想而知。记得二十八年春间，那时一石白米大概还合法币三十几元，比之抗战那年已上涨三分之二。"洋场"虽尚在英美的驻军与雇佣的巡捕统治之下，而日人的魔手却时时趁空伸入，幸而还有若干文化团体明地暗里在支持着抗敌的精神。有一次，我约夏先生章先生四五人同到福州路一家大绍兴酒店中吃酒，预备花六七元。（除几斤酒外尚能叫三四样鸡肉类。）他与那家酒店较熟，一进门到二楼上，拣张方桌坐下，便做主人发令，只要发芽豆一盘，花生半斤，茶干几片。

"满好满好！末事贵得弗像样子，吃老酒便是福气，弗要拉你多花铜钿。"

经我再三说明，我借客打局也想吃点荤菜，他方赞同，叫了一个炒鸡块，一盘糖腌虾，一碗肉菜。在他以为，为吃酒已经太厚费了！为他年纪大，书店中人连与他年岁相仿的章锡琛都以画先生称之（夏读画音）。他每天从外面进来，坐在椅上，十有九回先轻轻叹一口气。许是上楼梯的级数较多，由于吃累？也许由于他的舒散？总之，几成定例，别人也不以为怪。然后，他吸半支低价香烟，才动笔工作。每逢说到时事，说到街市现象，人情鬼蜮，敌人横暴，他从真切感动中压不住激越的情绪！因之悲观的心情与日并深，一切都难引起他的欣感。长期的抑郁，悲悯，精神上的苦痛，无形中损减了他身体上的健康。

在三十三年冬天，他被敌人的宪兵捕去，拘留近二十天，连章锡琛先生也同作系囚（关于这事我拟另写一文为记）。他幸能讲日语，在被审讯时免去翻译的隔阂，尚未受过体刑，但隆冬囚室，多人挤处，睡草荐，吃冷米饭，那种异常生活，当时大家都替他发愁，即放出来怕会生一场疾病！然而出狱后在家休养五六天，他便重行到书店工作，却未因此横灾致生剧病。孰意反在胜利后的半年，他就从此永逝，令人悼叹！

夏先生的体质原很坚实，高个，身体胖，面膛紫黑，绝无一般文人的苍白脸色，或清瘦样子。虽在六十左右，也无伛偻老态，不过呼吸力稍弱，冬日痰吐较多而已。不是虚亏型的老病患者，或以身子稍胖，血压有关，因而致死？

过六十岁的新"老文人"，在当代的中国并无几个。除却十年前已故的鲁迅外，据我所知，只可算夏先生与周启明。别人的年龄最大也不过五十六七，总比他三位较小。

自闻这位《平屋杂文》的作者溘逝以后，月下灯前我往往记起他的言谈，动作，如在目前。除却多年的友情之外，就前四五年同处孤岛；同过大集中营的困苦生活；同住一室商讨文字朝夕晤对上说，能无"落月屋梁"之感？死！已过六十岁不算夭折，何况夏先生在这人间世上留下了深沉的足迹，值得后人忆念！所可惜的是，近十年来你没曾过过稍稍舒适宽怀的日子，而战后的上海又是那样的混乱、纷扰，生活依然苦恼，心情上仍易悲观，这些外因固不能决定他的生存，死亡，然而我可断定他至死没曾得到放开眉头无牵无挂的境界！

这是"老文人"的看不开呢？还是我们的政治、社会，不易让多感的"老文人"放怀自适，以尽天年？

如果强敌降后，百象焕新，一切都充满着朝气，一切都有光明的前途，阴霾净扫，晴日当空。每个人，每一处，皆富有歌欢愉适的心情与气象，物产日丰，生活安定，民安政理，全国一致真诚地走上复兴大道，果使如此，给予一个精神劳动者——给予一个历经苦难的"老文人"的兴感，该有多大？如此，"生之欢喜"自易引动，而将沉郁、失望、悲悯、愁闷的情怀一扫而空，似乎也有却病消忧的自然力量。

但，却好相反！

因为丏尊先生之死，很容易牵想及此。自然，"修短随化"，"寿命使然"，而精神与物质的两面逼紧，能加重身体上的衰弱——尤其是老人——又，谁能否认。

然而夏先生与晋宋间的陶靖节，南宋的陆放翁比，他已无可以自傲了！至少"北定中原"不须"家祭"告知，也曾得在"东方的纽约"亲见受降礼成，只就这点上说，我相信他尚能瞑目！

附　录：夏丏尊先生生平

商金林

1886 年（清光绪十二年）1 岁

6 月 15 日（农历五月十四日），诞生于浙江省上虞县松厦。祖上经商。父寿恒，号心圃，秀才。兄妹六人，先生行三，名铸，小名钊哥，字勉旃，号闷庵；1912 年改字丏尊。自幼从塾师读经书。

1901 年（清光绪二十七年）15 岁

考中秀才。因家道中落，兄弟均外出经商，先生在家自修；读《史记》《汉书》《后汉书》《通鉴纲目》《文选》等。

1902 年（清光绪二十八年）16 岁

入上海中西书院（东吴大学前身）。仅读一学期，即以家贫辍学。在家自修英文、代数，并阅读严复翻译的《原富》《天演论》及梁启超主编的《新民丛报》等，开始接触新思潮。

秋，赴杭州应乡试，因送考的舅父喝醉酒，延误了入试场的时间，应试未成。

冬，与金嘉女士结婚。

1903 年（清光绪二十九年）17 岁

入绍兴府学堂（浙江第五中学前身）。府学堂不收学费，月考成绩优良，可得几毛至一元"膏火"费。

1904 年（清光绪三十年）18 岁

辍学回家，代父亲坐馆，并自修文史及英文。长子来文生。

1905 年（清光绪三十一年）19 岁

向亲友借了五百元，赴日留学。先入弘文学院补习日文，后考入东京高等工业学校，学习染织。因费用不继，于 1907 年辍学回国。

1908 年（清光绪三十四年）22 岁

任杭州浙江两级师范学堂通译助教，为日籍教员中桐确太郎（早稻田大学教授）做翻译。中桐与日本宗教团体关系较深，赠给先生一只谢罪袋，先生当时年轻，不以为意，后因种种不幸，引起人生的烦闷，对宗教书发生兴趣。

1909 年（清宣统元年）23 岁

鲁迅到浙江两级师范学堂任理科教员，两人过从甚密。鲁迅赠以《域外小说集》，先生自称是"受他启蒙的一个人"。

冬，原任监督（校长）沈钧儒辞职，清政府改派夏震武继任。夏以理学家自居，尊孔复古，到任之始，即要求教员穿礼服到礼堂参见，并要教务长许寿裳陪同谒圣。鲁迅、许寿裳相率罢教，以示抗议。先生参加了罢教，与鲁迅、许寿裳同进退。教员的罢教得到学生的支持，夏被迫辞职。因夏顽固不化，为人木强，教员们称他为"夏木瓜"，此次事件被称为"木瓜之役"。

1911 年（清宣统三年）25 岁

武昌起义胜利后，杭州宣告"光复"。先生精神振奋，参加了杭州全城学界的庆祝活动——提灯会。

1912 年　26 岁

风传将实行普选，先生不愿当选，特意改字"丏尊"，代替读音相近的"勉旃"，意欲让选举人误"丏"为"丐"，造成废票。后来普选没有实行，先生仍以"丏尊"为字。

秋，李叔同来浙江两级师范学堂任图画、音乐教员。李氏为先生留日时的学友，共事以后，情逾手足。

1913年　27岁

浙江两级师范学堂改为浙江第一师范学校。原任舍监辞职，先生自告奋勇兼任舍监。"舍监在当时是一个屈辱的位置"，常为学生所轻侮。先生兼任舍监后，对学生既严格要求，又爱护备至，他的此种教育方法曾被人称作"妈妈的教育"。先生曾作《紧张气氛的回忆》一文，记述这段经历。

先生鉴于学生国文程度低，又自告奋勇担任国文教员，教学中提倡自由思想，鼓励学生多看新书，多写文章。又积极参加校友会的活动，组织学生办刊物、演讲。

先生与李叔同先生分别作词作曲，谱写《浙江第一师范学校校歌》：

> 人人，代谢靡尽，先后觉新民。可能可能，陶冶精神，道德润心身。吾侪同学，负斯重任，相勉又相亲。五载光阴，学与俱进，磐固吾根本。叶蓁蓁，木欣欣，碧梧万枝新，之江西，西湖滨，桃李一堂春。

1914年　28岁

住杭州城内弯井巷，因窗前有一棵梅树，乃取屋名为"小梅花屋"，请陈师曾画《小梅花屋图》。李叔同在画上题小令《玉连环》：

> 屋老，一树梅花小，住个诗人，添个新诗料。爱清闲，爱天然。城外西湖，湖上有青山。

先生亦自题《金缕曲》：

243

已倦吹箫矣。走江湖，饥来驱我，嗒伤吴市。租屋三间如艇小，安顿妻孥而已。笑落魄萍踪如寄。竹屋纸窗清欲绝，有梅花，慰我荒凉意。自领略，苦寒味。此生但得三弓地。筑蜗居，梅花不种，也堪贫死。湖上青山青到眼，摇荡烟光眉际。只不是家乡山水。百事输人华发改，快商量，别作收场计。何郁郁，久居此。

时袁世凯专权，社会黑暗，先生情绪消沉，心情郁闷。长女吉子生。

1918 年 32 岁

暑假，李叔同出家。法名"演音"，又号"弘一"，人称"弘一法师"。李氏出家前，先生曾恳留；出家后，则尽力护持，数十年如一日。

幼子阿兔患肺炎夭亡。

1919 年 33 岁

五四运动爆发。

先生与陈望道、刘大白、李次九积极支持新文化运动，革新语文教育，深得学生的爱戴。四人受到当局的注意，被称为一师的"四大金刚"。

作《教育的背景》，刊《教育潮》第一卷第一、二期，认为我们所行的教育是人的教育，普通教育中所列的科目，都是养成人的材料。并认为教育者须有相当的人格，被教育者方能心悦诚服。

作《一九一九年的回顾》，刊浙江一师《校友会十日刊》第五号，讴歌"五四运动"。文章说：

1919 年中国教育界空前的一桩事，就是"五四运动"。"五四运动"的影响，不但教育界受着，不过教育界是它的出发点，自然影响受得更大。以前的教育界的空气何等沉滞！何等黑暗！经过了"五四运动"以后，从前底"因袭""成规"，都受了一种破产的处分，非另寻方法重立基础不可……现在的教育界，平心讲来，也究竟还没有上正当的轨道。不过从本学年起，已经有了一个"动"字。"动"得好，固然最好没有了，"动"得不好，也不该就抱悲观：因为"动"总比以前的"不动"好得多。天下本来不应该有"完全无缺"的事，逐渐改动，就是渐与"完全无缺"接近的方式；固滞不动，那是没有药医的死症！我对于1919年的教育界，所最纪念的就是一个"动"字。

1920 年　34 岁

一师学生施存统（复亮）在《浙江新潮》第二期上发表《非孝》一文，触动了封建礼教的根本，被教育当局视为大逆不道。因《非孝》写成后曾由先生审阅，教育当局责成一师校长经亨颐查办"四大金刚"，经亨颐坚决拒绝。教育当局下令撤换校长，学生群起挽留。当局动用军警镇压，终于激起一场大学潮。这次学潮得到杭州全城和京沪等地学生的支援，教育当局被迫收回成命。鲁迅对一师这次学潮很关心，认为是又一次"木瓜之役"，而意义之深刻更胜于第一次。不久，经亨颐和先生等都被迫离开了一师。

先生离开一师时在与陈望道、刘大白联名发表的《浙一师国文教员为辞职事致学生书》中说："诸君，你们以后，向着光明的路上努力为新文化运动奋斗，千万别掺一点个人谋私利的念头在里面，那么，虽然不免暂时的牺牲，毕竟能得最后的胜利。"

《浙一师全体学生致刘大白、陈望道、夏丏尊先生的信》：

我们全体同学以爱戴先生的缘故，曾经派九次代表邀请先生到校任职，哪知道 5 月 5 日先生竟决决绝绝地回复我们。我们以为最亲爱的光明指导者为了环境的关系不复聚存一堂，心里觉得非常愁闷，不过先生的苦衷我们也很明白，这样荆棘横生的道路也不勉强先生去走，但先生是新文化的先驱，我们对于先生的爱慕依然不断，并且加强，总希望先生时时指导我们，扶助我们。先生，这个黑森森的树林虽有一条小路可通光明的境界，但是林中毒蛇也有，猛兽也有，我们走到半路的时候遭了这种危险，先生虽是在空旷站着，听了我们的呼救声，想起来总肯援助我们。比来寒暑无常，诸惟努力自爱。

先生离开一师后，应聘到长沙湖南第一师范任教。同时应聘的有周谷城、舒新城、田汉等。当时湖南一师校长易培基、教务主任匡互生正致力于教育改革，先生教授国文，于教学内容及教学方法，颇有所改革，深受学生的欢迎。时，先生写了很多诗篇，抒发情怀，其中的《长沙小诗之一》云："中年陶写无丝竹，泽畔行吟有美人。搜得漫天风絮去，贮将心里作秾春。"

编写《文章作法》讲义五章。先生后来回忆说：这些讲稿，"都是深夜在呵欠中写成的"。

幼女满子生。

1921年　35岁

上虞陈春澜捐资兴学，在上虞白马湖创办春晖中学，由经亨颐任校长。先生应经亨颐邀请，到春晖任教，经亨颐把学校的全部事务几乎都交给先生处理。当时先生抱一个理想，要把春晖办成全国的模范中学。为此，曾先后邀集了一些志趣相投的教师来此任教。先生又觉得白马湖的环境好，在湖的西岸造了几间平房，名曰"平屋"，打算终老是乡。

6月，上海共产主义小组创办的"新时代丛书社"成立，由陈独秀、李大钊联合李达、邵力子、沈雁冰、陈望道、戴季陶、夏丏尊、经亨颐等共十五位知名人士担任编辑人。该丛书由商务印书馆发行，先后出版九种：日本堺利彦达指著《女性中心说》（1922 年 1 月），夏丏尊译；日本高畠素之著《社会主义与进化论》（1922 年 3 月），夏丏尊、李继桢译；英国派纳柯克著《马克思主义和达尔文主义》（1922 年 3 月），施存统译；日本高畠素之著《马克思学说概要》（1922 年 4 月），施存统译；英国唐凯司德著《遗传论》（1922 年 6 月），周建人译；日本安部矶雄著《产儿制限论》（1922 年 10 月），李达译；英国麦开柏著《进化》《从星云到人类》（1922 年 12 月），太朴译；日本山川菊荣著《妇人和社会主义》（1923 年 11 月），祁森焕译；瑞典爱伦凯著《儿童的教育》（1923 年 12 月），沈泽民译。

加入文学研究会。

1922 年　36 岁

邀约丰子恺来春晖中学教艺术。丰子恺的住所与"平屋"毗邻，丰氏名之曰"小杨柳屋"。

编写《文章作法》讲义第六章。

1923 年　37 岁

邀约朱自清来春晖中学教国文。先生的为人、品格和理想，给朱自清留下深刻印象，后作《教育家的夏丏尊先生》一文，称赞"他是始终献身于教育，献身于教育的理想的人"，"真是一位诲人不倦的教育家"。

春，创办《春晖半月刊》，兼任主编，发表《春晖的使命》，这实际上是向全校师生及社会宣布的办校宣言书。《春晖的使命》中说：

怯弱倒不要紧，方向却错不得！你须知道，你有你从生带来的使命！你的能否履行你的使命，就是你的运命决定的所在。你的运命，要你自己创造！

你是一个私立的，不比官立的，凡事多窒碍。当现在首都及别的省官立学校穷得关门，本省官立中等学校有的为了争竟位置，风潮迭起，丑秽得不可向迩的时候，竖了真正的旗帜，振起纯正的教育，不是你所应该做的事吗？

你已男女同学了，这是本省中等学校的第一声，也是你冒了社会的忌讳敢行的一件好事。你应如何好好地保持这纤弱的萌芽，使它发达？你无门无墙，组织是同志集合的。你要做的事情既那样多而且难，同志集合，实是最要紧的条件。你不应该从此多方接引同志，使你的同志结合在质上更纯粹在量上更丰富吗？……

翻译意大利亚米契斯的《爱的教育》，先在《东方杂志》连载，后于1926年3月由开明书店出版单行本。先生在《译者序言》中提出"爱的教育"这个宗旨，并作了阐述。先生说：

学校教育到了现在，真空虚极了。单从外形的制度上方法上，走马灯似的更变迎合，而于教育的生命的某物，从未闻有人培养顾及。好像掘池，有人说四方形好，有人又说圆形好，朝三暮四改个不休，而于池的所以为池的要素的水，反无人注意。教育上的水是什么？就是情，就是爱。教育没有了情爱，就成了无水的池，任你四方形也罢，圆形也罢，总逃不了一个空虚。

译本《爱的教育》出版后，深受读者欢迎，曾再版三十多次。

1924年　38岁

邀约朱光潜来春晖中学任教。朱光潜在《敬悼朱佩弦先生》文中说：他到春晖后，"大家朝夕相处，宛如一家人。佩弦和丏尊、子恺诸人都爱好文艺，常以所作相传观。我于无形中受了他们的影响，开始学习写作。我的第一篇处女作《无言之美》，就是在丏尊、佩弦两位先生鼓励之下写成的。他们认为我可以作说理文，就劝我走这一条路。这二十余年来，我始终抱着这条路走，如果有些微的成绩，就不能不归功于他们两位的诱导。领我登堂入室的是丏尊先生、佩弦先生"。(《天津民国日报》1948年8月23日）

经亨颐兼任宁波浙江省立第四中学校长，先生也应邀兼任国文教员。往返于甬绍道上，为时一年。

2月，所译美国瓦特的《女性中心说》由上海民智书店出版。

冬，春晖中学教务主任匡互生与校长经亨颐意见不合，发生冲突，先生调解无效。在一个大雪天，匡互生和朱光潜等教员带领一部分学生离开春晖去上海。先生追匡互生等追到车站，挽留不住，隔了二天也辞别春晖，赶到上海，和匡、朱等一起另辟新境，想"自由自在地去实现教育理想"。

1925 年　　39 岁

春，先生与匡互生、朱光潜、丰子恺、刘薰宇在上海联络胡愈之、叶圣陶、郑振铎、周予同、白采、陈抱一等组织立达学会，创办立达中学（后改名为立达学园）。3月，立达学会成立，先生任常务委员。立达学园创建后，先生任立达学园常务委员。时先生仍寓居白马湖，每星期从白马湖赶到立达学园二次，讲授国文和文艺思潮，不拿薪金，不支旅费。

年底，立达学园在上海江湾建造的校舍落成，学园增设了农场，从事养蜂、养鸡和园艺种植，实施"人格教育"和"生产教育"。匡互生说：

> 立达是由一些志同道合的教师、工友为培育有理想的学生而组成的。它一面具有互助生活的精神，师生均以至诚相见，免除一切虚伪；另一面学校应充满家庭般的亲爱和温暖，相互关怀、相互帮助、相互尊重的精神，使学生无形中懂得人与人之间本无高低贵贱之分，而应平等相待。个人与集体之间，则应以亲爱和

互助为主要原则。而"生产教育"是使受教育者不仅具有专业知识和生产技能，而且接近社会、接近广大劳动人民，从而巩固和提高学到的书本知识。

1926 年　40 岁

参加胡愈之等组织的上虞青年协进会，并为该会会刊《上虞声三日报》撰稿。

8 月，讲义稿《文章作法》由开明书店出版，这本讲义稿曾由先生在立达学园同事刘薰宇用作教本，"教了一年，改了一年"，出版单行本时，署名两人合编。

8 月，开明书店创办，先生与老板章锡琛关系甚密。

9 月，立达学会会刊《一般》创刊，先生主持编务。《一般》的创刊缘起中说："我们想和人家方法不同一些。要想以一般人的现实生活为出发点，介绍学术，努力于学术的生活化。"又说："名称真取不出好的，甚至'青年''解放''改造''进步'等类的名目，都已被人家用过了，连'新''晨'等类的单字，也被如数搜尽了，没法就叫作《一般》吧，好在我们无甚特别，只是一般的人，这种杂志又是预备给一般人看的，所以说的也只是一般的话罢。"

本年，立达学园增设"文学专门部"和"艺术专门部"，先生主持"文学专门部"的工作。

1927 年　41 岁

任上海暨南大学中国文学系主任。

1 月，所译日本田山花袋的《棉被》由商务印书馆出版。

8 月，所译《园木田独步集》由开明书店出版。

11 月 6 日，邀请鲁迅至华兴楼暨南大学同级会演讲。

当时，正值大革命失败后，国民党加紧对共产党的迫害。先生同情革命，曾以开明书店为掩护，救助过一些革命青年。原浙江一师学生叶天底，是中共浙江上虞县委书记，"四一二"后被捕。原浙江一师教员刘大白，时任教育部次长，正在杭州疗养，先生写信给刘希望救助，未成，叶天底英勇就义。先生十分愤慨。原一师学生宣中华（是浙江最早的共产党员之一），也被杀害。先生心情沉痛，曾说："宁愿早死，莫做先生。"愤然辞去暨南大学教职，回乡从事翻译研究工作。白马湖"平屋"的大门上，贴有先生写的一副对联："青山绕户，白眼当门。"

1928 年　42 岁

年初，辞去立达学园国文教师之职。其后，仍常到立达学园演讲。

7 月，始出任开明书店编辑所所长。《开明》月刊创刊，先生为编辑之一。

9 月，所著《文艺论 ABC》由上海世界书局出版。

11 月，与丰子恺、刘质平等七人发起，集资为弘一法师在白马湖建筑住所。翌年初夏竣工，用李义山"天意怜幽草，人间重晚晴"句意，题名"晚晴书房"。弘一法师秋凉移此小住，后亦自称"晚晴老人"。

1930 年　44 岁

1 月，《中学生》杂志创刊，先生主持编务；作《发刊辞》，认为数十万青年"彷徨于分岔的歧路，饥渴于寥廓的荒原"，未闻有人从旁关心，不可谓不是"一件怪事和憾事"。宣称："我们是有感于此而奋起的"；"替中学生诸君补校课的不足；供给多方的趣味与知识；指导前途，解答疑问；且作便利的发表机关"。杂志出版后，深受广大读者欢迎，被社会公认为青年的良师益友。

3 月，所译意大利孟德格查的《续爱的教育》由开明书店出版。先生在《译者序》中说："亚米契斯的《爱的教育》是感情教育，软教育，而这书所写的却是意志教育，硬教育"，使人发出"勇敢的自信来"。

作《受教育与受教材》，刊《中学生》第四号，针对当时学校灌输僵化的知识的现象，指出：学生在学校里，"目的应是受教育，不应是受教材"。

6月，杭州《中国儿童时报》创刊，先生任顾问。

中学毕业生石惠福是因找不到工作而自杀的。先生作《悼一个自杀的中学生》一文，刊《中学生》10月号。文章指出中学生出路问题的严重性，对当时的中学教育制度及社会进行抨击。

1931年　45岁

1月17日，左联五位青年作家柔石、胡也频等被国民党逮捕。先生和叶圣陶联名写信，请国民党元老邵力子帮助营救。

9月18日，日本侵略军侵占东北。先生写《闻警》，呼吁"永远不要忘记这日子"。12月19日，"文艺界反帝抗日大联盟"在沪成立，先生为发起人之一，并担任"文艺界反帝抗日大联盟"机关杂志《文化通讯》的编辑委员。先生又与一些青年作家在沪发行《新光》月刊，"一面报道东北人民不愿做亡国奴而自行起来英勇抗日的事实，一面唤醒关内同胞，只有'抗日'才有生路"！

1932年　46岁

"一·二八"淞沪抗日战事发生。先生在《上海文化界发告世界书》和《为抗议日军进攻上海屠杀民众宣言》上签字，抗议日本侵略军之暴行。

6月，先生参加编辑的《开明文学辞典》由开明书店出版。

12月，国民党在人民舆论压迫下与苏联复交。先生与茅盾、鲁迅、柳亚子、叶圣陶等五十五人签署《中国著作家为中苏复交致苏联电》。

1933年　47岁

5月14日晚，丁玲、潘梓年被捕。23日，先生与蔡元培、柳亚子、胡愈之、叶圣陶等人致电南京政府行政院长和司法行政部长，请查明并释放丁玲、潘梓年。

6月2日，先生与鲁迅、柳亚子、叶圣陶等人发表《为林惠元惨案呼冤宣言》。

7月，《文学》在上海创刊，先生与茅盾、陈望道、郁达夫、郑振铎、叶圣陶等同为编委。

8月16日，与鲁迅、茅盾、胡愈之、叶圣陶等发表《中国著作家欢迎巴比塞代表团启事》。

本年，与章锡琛、叶圣陶等开明书店同人创办"上海市私立开明函授学校"，先生任社长（校长），邵力子、张梓生、刘叔琴、叶圣陶、宋云彬、陈望道、刘薰宇、林语堂、傅彬然、丰子恺等为教师，茅盾、胡愈之、周建人、范寿康等人任顾问。函授学校共办了两年。

1934 年　48 岁

2月，国民党中央宣传部查禁鲁迅、茅盾、郭沫若、陈望道等28人译著149种，并加强对书店和出版社的控制，出版进步书刊的书店濒于破产。先生和章锡琛、叶圣陶挺身而出，由开明书店领头，上海20多家书店联名，两次向国民党上海市党部"请愿"。先生与章锡琛、叶圣陶还给蔡元培、邵力子写信，要求设法"解除禁令"。

是夏，先生与叶圣陶、陈望道、陈子展、徐懋庸、车嗣炳、曹聚仁等在上海福州路印度咖喱饭店集会，针对当时汪懋祖的"读经运动"与许梦因的"提倡文言"，决定在《申报·自由谈》上发表文章，倡导大众语运动。

6月，与叶圣陶合著的《文心》由开明书店出版，风行一时。陈望道称赞它"的确是一部好书"；朱自清认为写出这本"读写的故事"，"确是一件功德"；日本《新中国事典》称誉这本书是"在国语教育史上划了一个时代"。

1935 年　49 岁

3月，参与发起"推行手头字"运动。

6月，与叶圣陶、胡愈之、郑振铎、章锡琛等人集资排版鲁迅编辑的瞿秋白遗著《海上述林》。

中日关系紧张，先生痛恨日本侵略者，主张抗日救亡。11月初，传闻战事即将爆发，上海市民纷纷搬家避难。先生住狄司威路麦加里，坚持不搬，认为如果真有那一天，一切牺牲都情愿。写《整理好了的箱子》一文，记述此事。

先生与叶圣陶应南京教育部之邀请，担任中等教育播音演讲，向全国中学生做关于国文学习的演讲。先生的讲题是《阅读什么》《怎样阅读》和《学习国文的着眼点》。

长女吉子患伤寒去世。

11月，与叶圣陶、宋云彬、陈望道合编的《开明函授学校讲义》《开明国文讲义》（共三册）出版。

12月，小说散文合集《平屋杂文》由开明书店出版。

1936年　50岁

元旦，为《中学生》读者题字："击楫澄清志未伸，时艰依旧岁华新；闻鸡起舞莫长叹，忧患还须惜好春。"刊《中学生》1月号。

1月，《新少年》杂志创刊，先生任社长。

6月，中国文艺家协会在上海成立，先生被推为主席，后当选为理事。

与叶圣陶合编的《国文百八课》，由开明书店出版。"本书编辑旨趣最重要的一点就是想给予国文科以科学性，一扫从来玄妙笼统的观念。"（《编辑大意》）出版以后，颇得好评，公认为是一部颇有特色的语文课本。

8月，开明书店为纪念创业十周年，编印小说集刊《十年》。先生在《序》中说："我国的新文学运动起来以后，小说方面的成就比较可观。开明自从创立的那一天起，就把刊行新体小说作为出版方针之一。"《十年》征集当时作家新作，应约写稿入集的有鲁彦、老舍、张天翼、靳以、王统照、巴金、徐霞村、吴组缃、施蛰存、李健吾、丁玲、凌叔华、萧乾、圣陶等十四位作家，另将蹇先艾、郑伯奇、艾芜、沙汀、芦焚、沈从文、周文、萧军、端木蕻良、蒋牧良、茅盾等人的小说编入《十年续集》，先生也写了一篇《流弹》。

10 月 19 日，鲁迅逝世。先生闻讯后，当即和叶圣陶赶到鲁迅寓所瞻仰遗容和吊唁；又一同在已经发排的《中学生》和《开明少年》中临时加进悼念鲁迅的文章和照片。作《鲁迅翁杂忆》一文，刊《文学》第七卷第六期。文中忆述了清末在浙江两级师范与鲁迅"晨夕相共者好几年"的往事。其中首次介绍述了鲁迅突破封建教育的禁区，在生理卫生课上讲授生殖系统的情况。

1937 年　51 岁

1 月，《月报》（大型文摘杂志）创刊，先生任社长。

6 月，与叶圣陶合编的《初中国文教本》（共六册）由开明书店出版。

7 月，卢沟桥事变发生。先生对时局甚为关心。

8 月 13 日，日本侵略军向上海大举进攻。开明书店的厂房毁于炮火。《中学生》《新少年》《月报》停刊。先生由麦加里迁居霞飞坊。

8 月 24 日，上海文化界救亡协会机关报《救亡日报》创刊，编委共三十人，先生为编委之一。

9 月以后，开明书店人员陆续内迁。先生在上海坚守。

1938 年　52 岁

参加抗日后援会。

4 月，与叶圣陶合著的《阅读与写作》和《文章讲话》两书由开明书店出版。

应邀在南屏女中兼任高中国文教员。该校校长曾季肃为小说《孽海花》作者曾孟朴之妹，是我国早期的一位女教育家。先生为她的办学精神所感动，故应聘任教。

1939 年　53 岁

与傅东华等发起组织中国语文教育学会。

6 月 4 日，先生幼女满子与叶圣陶长子至善在乐山结婚。先生感赋四绝，遥寄祝愿。

为开明书店主持字典编纂工作。这部字典依词类分列单字，并列举复词印证，补充单字的释义，以便读者了解汉语语法特点和汉语构词规律。编纂工作后未完成。

1941 年　55 岁

珍珠港事件发生后，日军占领上海租界。日本侵略者想利用先生的名声为他们办事，先生坚贞自守，毅然拒绝。因见环境日趋恶劣，辞去南屏女中教职，深居简出。先生"节衣，缩食，渴饮，饿餐"，尝日用二餐，自谓"吃挑担饭"。

某大寺院募得一笔款项，发起翻译《南传大藏经》，其中的《本生经》部分请先生从日译本重译（日译本据东方学家浮斯培奥尔的校订本，富有学术价值）。先生邀请几位朋友同译，其中有坚持地下工作的楼适夷。

1942 年　56 岁

10 月 13 日，弘一法师圆寂泉州开元寺，预书两偈与先生诀，偈云：

> 君子之交，其淡如水；
>
> 执象以求，咫尺千里。
>
> 问余何适，廓而亡言；
>
> 华枝春满，天心月圆。

字迹一如平日。先生十分悲痛，作挽弘一大师联："垂涅槃赋偈相诀，旧雨难忘，热情应啸溪虎。许婆婆乘愿再来，伊人宛在，长空但观夕阳。"又写《怀晚晴老人》《弘一大师遗书》等悼念文章，并为《弘一大师永怀录》《晚晴老人讲演录》《晚晴山房书简》作序。《晚晴山房书简》中有《致夏丏尊函》九十五件。在《〈弘一大师永怀录〉序》中对弘一大师的一生作精辟的概括：

> 综师一生，为翩翩之佳公子，为激昂之志士，为多才之艺人，为严肃之教育者，为持律精严之头陀，而卒以倾心西极，吉祥善逝。

长子采文因肺病去世。

1943 年　57 岁

1 月 21 日，为先生与夫人结缡 40 载纪念。开明同人章锡琛、王伯祥、徐调孚、顾均正、索非五伉俪，"家出菜肴两器"，聚宴庆贺，席间吟诗相赠，"或表祷颂，或含幽默，总之是在四周鬼蜮现形民生艰困的孤岛上，聊以破颜自慰，也使夏先生掀髯一笑而已"（王统照语）。时在上海的马叙伦、王统照、周振甫也写了贺诗，远在内地的叶圣陶、朱光潜、朱自清、贺昌群、卢冀野等人亦遥为唱和，共得诗十二首，以《夏丏尊羊毛婚倡和诗》为题，刊《万象》第三年三期（1943 年 9 月）。

12 月 15 日，先生被日本宪兵司令部逮捕。审讯时，日军出示中国文艺家协会主张抗日的宣言，据以问罪。经同业和日本友人内山完造等奔走营救，于 25 日获释。因了先生的牵累而一同被捕的开明书店老板章锡琛获释后，作诗三首，分送给关心他的朋友们，诗云：

> 日食三餐不费钱，七时早起十时眠。
> 一瓯香饭搏云子，半钵新茶泼雨前。
> 汤泛琼波红滟滟，盐霏玉屑碧芊芊。
> 煤荒米歉何须急，如入桃源别有天。

一日几回频点呼，"喳凄尼散哈凄枯"。

低眉敷座菩提相，伸手抢羹饿鬼图。

运动憧憧灯走马，睡眠簇簇罐藏鱼。

剑光落处山君震，虎子兼差摄唾壶。

执戈无力效前驱，报国空文触网罟。

要为乾坤扶正气，枉将口舌折侏儒。

囚龙笯凤只常事，屠狗卖浆有丈夫。

惭愧平生沟壑志，南冠亏上白头颅。

可见先生在宪兵部受了磨难。获释后肺病复发，健康更加恶化。

1944 年　58 岁

普慧大藏经刊行会出版先生参加翻译的《南传大藏经》（未出齐）。

1945 年　59 岁

1 月 13 日，内山完造夫人内山嘉美子逝世，葬于上海万国公墓。先生为她撰写了碑文：

以书肆为津梁，期文化之交互。

生为中华友，殁作华中土。吁嗟乎，如此夫妇！

8 月 9 日夜，日本投降的消息传到上海，先生极为兴奋。其后，内地文化界朋友陆续复员来上海，先生常在欢迎聚会上出现。11 月，与李健吾、柯灵、唐弢、夏衍、于伶、赵景深、张骏祥等十五人被选为中华全国文艺家协会上海分会理事。先生看到国民党接收大员的丑恶行径，作《好话与符咒式的政治》一文，刊于 11 月 25 日《大晚报》，予以尖利的讽刺。

1946 年　60 岁

1 月，《中学生》杂志在沪复刊。先生作《寄意》一文，向阔别多年的青年读者致意和问候。

先生肺病加剧，仍坚持工作，写成《双声词语的构成方式》之后，就卧床不起。弥留之际对叶圣陶说："胜利！到底啥人胜利——无从说起！" 4 月 23 日晚 9 时 45 分与世长辞。上海中共办事处送了花圈。

重庆《新华日报》于 4 月 27 日发表社论《悼夏丏尊先生》。6 月 2 日下午上海各界在玉佛寺举行追悼会，由马夷初介绍先生生平事迹，茅盾、姜丹书、许广平、叶圣陶等生前好友致辞，沉痛悼念先生。根据先生遗愿，谢绝赙赠。治丧委员会推选九人组成"夏丏尊先生纪念金委员会"，募集纪念基金，专赠予任职十年以上，成绩卓著，或在中学国文教育上有创见的中学国文教师。纪念金征集后，颁发过一次，受奖者为姚韵漪女士。后因通货膨胀，无法继续而中止。

5 月 12 日，上海法藏寺化身窑举行夏丏尊先生化身典礼。芝峰法师举火，致法语云：

> 昔香岩禅师有云，去年穷，非为穷，尚有卓椎之地；今年穷，方为穷，卓椎也无。见出古人怎样于生死坚牢大地，拔除情根，斩断葛藤处，显露出一物无依底本地风光来。夏居士丏尊六十一年来，于生死岸头，虽未显出怎样出格伎俩，但自家一段风光，常跃然在目。竖起撑天脊骨，脚踏实地，本着己灵，刊落浮华，露堂堂地，蓦直行去。贫于身而不谄富，雄于智而不傲物，信仰古佛而非佞佛，缅怀出世而非厌世，绝去虚伪，全无迂曲。使强暴者失其威，奸贪者有以愧，怯者立，愚者智，不唯风规今日之人世，实默契乎上乘之教法。虽然如是，这仍落在第二门头边事。今者于末后关头，更进逼一步，在无言说无表示中，

向诸有缘眷属亲友说法。恐诸人只贪天上月，失却掌中珠，特嘱山僧代为拈出，完成这桩公案。但山僧到了者这田地，如何举扬呢。

> 莫道丏翁寒骨硬，今朝硬骨也成灰。
> 涅槃生死两无着，活火光中绝去来。

"尚有卓椎之地"，指修行没有清净，尚未做到解脱、开悟、了无一事牵挂心头的境界。特别高的修行境界没有一个"我"字。"卓椎也无"，当指"一物无依"。"缅怀出世而非厌世"，不讨厌处在这个世界，穿着世俗的衣服行佛。"佞佛"，指硬学，流于形式；"非佞佛"指学真精神，学根本，学佛的样子帮助别人。"怯者立"，指站立起来。"上乘"，上乘菩萨的境界。"二门头边"，尚未到最高境界。"更进逼"，以佛的方式更进一步。"失却掌中珠"，指每个人心里都有好的东西、好的一面，只是被"执着"掩盖了。"拈出"，点出这个仪式的内涵。"也成灰"，进入更高的境界，即所谓的"空"。"两无着"，不执着于涅槃生死。"去来"，解脱生死的境界，到了自由地主宰自己的去向，连涅槃也不执着，抛弃一切，来去自由，到了一个圣者的位置，到了大乘菩萨的境界。度化众生，不停留于涅槃。

11月，移灵浙江，葬骨灰于先生故居平屋后的山丘上，面向白马湖春晖中学。叶圣陶书写碑文。马叙伦撰写墓志铭，词曰：

> 曹娥江侧，产是祥麟。岳岳其德，熏然慈仁。
> 望之无畏，就而自亲。思通百代，焕若泉新。
> 文心有获，岂惟去陈。志屏绅冕，教瘁其身。
> 教惟以爱，众归如春。侵我疆理，实彼狂邦。
> 紊我贞士，操励松筠。幽厄既脱，困于乐贫。

疾婴肺核，遂萎斯人。友徒跳告，相视泣沦。

遗言火体，兹藏其烬。刊此坚石，与世无泯。

为夏丏尊先生诞辰 100 周年而作

1986 年 6 月 16 日改定于白马湖